리더의 마음

리더의 마음

최고의 리더는
어떻게 사람을 움직이는가

홍의숙 지음

HOW
GREAT
LEADERS
MOVE
PEOPLE'S
MIND

다산북스

이 책에 쏟아진 찬사

변화를 주도하는 리더들이 가장 먼저 통과하는 관문이자 마지막 경지에 천착하는 한 가지는 '마음'이다. 성공적인 조직을 경영한 이들은 이론과 기술에 집착하지 않는다. 판단과 결정을 올바르게 내리고, 믿을 수 있는 사람과의 관계를 공고히 하는 마음에 집중한다. 『리더의 마음』은 살아남기 위해, 이기기 위해, 생각하고 또 생각하는 리더들에게 가장 필요한 지혜다.

_ 구자열, LS회장

기업의 생사를 앞에 두고 최선의 선택을 하고자 고민을 멈추지 않는 리더들에게 가장 필요한 건 마음을 다스리는 법이다. 자신의 마음을 다스리는 것, 자신을 따르는 사람들의 마음을 움직이는 것, 이 어렵고도 고독한 일을 리더들의 가장 가까이에서 코칭해온 홍의숙 대표의 조언이 마음을 뜨겁게 한다.

_ 김동수, 고려대 미래성장연구소 소장 · 전 공정거래위원장

과연 나는 올바른 리더의 자세를 갖추고 있는지 끊임없이 자문하게 되었다. 조직을 더욱더 좋은 성과로 이끌어야 할 리더들이 자신의 마음을 잘 다스리지 못해 오히려 조직의 성과를 막고 있지는 않은지 돌아보게 한다. 진정한 리더십은 리더가 스스로 자존감을 지니고 조직원들의 마음을 잘 읽고 공감을 얻을 때 발휘된다. 조직의 미래를 고민하고 있거나 새로운 도약에 어려움을 겪고 있는 이들에게 이 책을 추천한다.

_ 유경선, 유진그룹회장

조직이 성과를 내기 위해선 무엇보다도 중요한 건 결국 사람이다. '한 아이를 키우려면 온 마을이 필요하다'는 말처럼 기업도 인재 하나를 키우려면 모든 역량을 쏟아부어야 한다. 그리고 그 중심에는 조직 구성원의 잠재력을 이끌어내고 성장을 유도할 수 있는 리더의 역할이 중요하다. 서로의 부족한 부분을 채워 성취할 수 있도록 기회를 제공하는 것이야말로 올바른 리더십이란 사실을 다시 한 번 이 책을 읽으며 깨달았다. 모두의 성장이 곧 리더의 성장이다.

_ 허명수, GS건설 부회장

'권위'가 아닌 '마음'으로 조직을 다스리는 시대다. 저자는 이 책을 통해 성공적인 조직 경영은 그 방법을 이론적으로 익히는 것이 아니라, '마음을 아는 것'부터 시작해야 한다고 말한다. 고독한 리더의 자리에서 마주해야 하는 실질적인 고민들은 자신의 마음을 이해하고, 조직원들의 마음을 얻는 것에서 해결의 실마리를 찾을 수 있지 않을까? 조직을 움직이는 뜨거운 리더가 되고 싶다면 이 책을 읽어야 한다.

_ 김주현, 수원고등법원 법원장

지금까지 리더십과 관련된 많은 책을 읽어왔는데 이 한 권으로 마무리 지을 수 있었다. 27년간 국내의 내로라하는 기업의 리더십 코칭을 맡아온 저자는 리더가 갖춰야 할 마지막 덕목으로 '마음'을 강조한다. 결국 마음을 다룰 수 있는 리더가 조직을 움직이고 조직 전체를 변화시킬 수 있다. 마음을 경영하는 방법을 익히고, 인간에 대한 통찰을 길러 당신의 자리에 어울리는 품격을 얻기를 바란다.

_ 박정국, 현대모비스 주식회사 대표이사

리더의 판단력과 자신감, 흔들리지 않는 원칙의 원천은 어디서 나오는가. 답을 찾기 어려운 문제가 있을 때마다 마음에서 답을 찾는다. 나의 마음을 제대로 알고 타인의 마음을 들여다볼 수 있다면 그것 이상으로 기업과 조직을 이끄는 데 큰 힘이 어디에 있을까! 『리더의 마음』은 나와 조직이 나아가야 할 길이 흐릿해질 때마다 펼쳐보고 의지할 곧은 이정표다.

_ 서승원, 중소기업중앙회 상근 부회장

리더는 언제나 외로운 싸움을 한다. 주변에서 수많은 사람이 조언과 도움을 아끼지 않지만, 결국 결정하고 책임을 지는 일은 오롯이 리더에게 달려 있다. 그래서 겉으로는 평온한 모습을 하고 있는 리더도 알고 보면 속으로는 거친 풍랑에 시달리고 있는 경우가 많다. 나 역시 늘 외로운 싸움을 한다. 그래서 이 책을 읽으며 정말 많이 공감했다. 더불어 리더로서의 책임감과 태도에 대해 다시 한 번 생각해보는 계기를 마련했다. 팀장이든 임원이든 한 조직을 이끄는 리더라면 반드시 읽어야 할 책이다.

_ 박미경, 여성벤처협회 회장 ㈜포시에스 대표

조직이 원하는 진정한 리더, 진정한 지도자란 어떤 모습인가, 그동안 성과를 창출해내기 위해 자신보다는 조직 구성원이나 외부에서 그 문제를 찾고 있지는 않았는가, 질문하게 한다. 이 책을 읽고, 조직원들의 마음을 헤아리며 의욕을 높이는 리더는 어떤 태도를 지녀야 하는지 깨닫게 되었다. 성장하고자 하는 모든 리더가 갖춰야 할 실질적인 내용이 많아서 반복적으로 읽으며 도움을 얻고 싶다.

_ 이승현, 한국동서발전 기획본부장

많은 사람이 기업의 성장을 단순히 매출을 끌어올리고 사업 영역을 확대하는 일이라 생각하지만, 한국 경제를 이끌어가는 리더들에게 성장은 조금 더 복잡하고 고민스러운 과정이다. 진정한 리더는 미래에 대한 비전을 제공하고 일하는 기쁨을 주며 무엇이든 할 수 있다는 도전 의식을 심어줘야 하기 때문이다. 『리더의 마음』은 바로 이런 리더들의 고민을 솔직하게 드러내고 해결책을 제시한다. 리더의 역할이 무엇인지 단 한 번이라도 고민해본 사람이라면 분명 큰 위로와 도움을 받을 것이다.

_ 박연정, 굿센 대표이사

리더십개발은 리더의 자기인식에서 출발한다. 모든 리더에게 통용되는 마법 같은 리더십 향상 방법은 존재하지 않기 때문이다. 『리더의 마음』은 자기의 진짜 모습과 현재 위치를 파악할 수 있는 질문들을 던진다. 리더로서 역할수행에 답답함을 조금이라도 느끼는 사람이라면 지금 당장 홍의숙 대표가 던지는 질문에 답을 찾기 시작하라. 어느덧 가야 할 방향이 선명해지기 시작할 것이다.

_ 최재훈, ㈜LG화학 리더십개발팀 팀장

리더의 마음에 따라 조직은 큰 영향을 받는다. 그래서 우리는 좋은 리더를 세우고, 좋은 리더가 되기를 기대한다. 저자는 좋은 리더가 가졌으면 하는 마음을 그리고 그 마음을 나누는 법을 경험을 통해 나누고자 한다. 좋은 리더로 안개처럼 조직에 영향을 끼치고 계속 성장하고 싶은 이들에게 일독을 권한다. 리더의 마음을 알 수 있는 열쇠가 거기에 있다.

_ 이인상, ㈜한국솔베이 Country HR Director 전무

조직의 규모와 성격에 따라서 리더의 모습은 변화해야 한다. 특히 조직 구성원들의 마음을 살펴봐야 하는 리더라면 더욱 민감하게 변화해야 한다. 이 책을 읽어 내려가다 보면 자신의 리더십은 어디에 있는지, 어디로 가고 있는지, 그 방향은 올바른지에 대한 명쾌한 해답을 얻을 수 있을 것이다. 이 책은 자신의 리더십을 돌아보고 조직 구성원들과 함께 성장을 원하는 리더의 바이블이 될 것이다.

_ 허지영, ㈜삼성화재 자동차보험교육파트 수석

이 책을 통해 나는 어떤 리더인가를 다시 한번 생각해볼 수 있는 기회를 가지게 되었다. 그리고 '나에게는 어떤 리더십이 더 필요할까?' 라는 고민에 대해, 마치 어두운 바다 한복판에서 방향을 제시해주는 밝은 등대처럼 좋은 해결 방안을 얻을 수 있었다. 특히 실제 사례를 통해 설명하고 있기 때문에 더욱 현실감 있었으며, 회사의 업무 환경에서 잘 활용될 것으로 기대된다.

_ 황윤수, ㈜한국유에스지보랄 인사 본부장

열정 가득한 젊은 리더들이 크게 공감할 수 있는 책이다. 그들은 리더로서의 권위와 권한을 찾기보다는 구성원들이 즐겁게 일할 수 있고, 지속적으로 성장할 수 있는 방법을 배우고자 한다. 이 책이 그분들께 현명한 지침서가 되리라 생각된다. 쉽고 간결한 문체와 다양한 사례들은 조직 구성원의 마음을 헤아리는 따뜻한 리더로 당신을 이끌 것이다.

_ 류현, ㈜태평양물산 디자인 & 기술연구소 상무

수많은 리더십 연수를 기획하고 실행하면서 느낀 점 한 가지는 존경받는 리더일수록 구성원들의 마음을 보다 디테일하게 챙긴다는 점이다. 디테일은 과도하거나 억지스러운 것이 아닌, 자연스럽게 구성원들을 생각하는 마음에서 나온다. 이 책을 읽고 리더의 마음이 곧 구성원의 마음이 되는, 함께 믿고 이끌어가는 리더십을 꿈꿔본다.

_ 이상섭, ㈜신한은행 인재개발부 차장

| 저자 서문 |

사람의 마음을 모르는데 어떻게 리더라고 할 수 있는가

매일 아침 커피 한 잔을 마시는 일처럼 변화는 자연스러운 일상이 되었다. 가늠하기 어려운 새로운 미래를 앞두고, 혁신의 최전선에 선 모두가 불안한 내일을 말한다.

나는 경영자와 임원을 만나는 일이 일상이다. 불안한 오늘과 알 수 없는 내일 앞에 그들의 마음이 흔들리지 않도록, 조직의 중심이 곧게 서 있도록 돕는 역할을 한다.

예측할 수 없는 내일 앞에 모두가 어려운 시절을 보내고 있다. 특히, 현직에서 주요한 결정의 자리에 앉아 있는 많은 분들이 현 상황에서 관계와 성과의 아픔을 호소하고 있거나, 변화된 상황에 어떻게 적응할지 몰라 곤란해하기도 한다.

그분들 중에 누구도 대충 살았다는 분은 없다. 나름 최선을 다하며 살아왔기에 리더의 자리에 앉을 수 있었고 지킬 수 있었다. 그런데 어떤 분은 현직에 있으면서도 외롭다고 한탄하고 있고 또 어떤 분은 변화의 속도에 어쩔 줄 몰라 한다.

인간은 단 한 사람도 예외 없이 누군가의 인정을 받으며 행복하기 위해 조직에 몸담고 일을 하는 것인데, 왜 그 일이 이토록 어려운 걸까?

왜 관계의 중심에 있으면서도 외로움을 호소하고, 결정권을 쥐고 있으면서도 어찌할 줄 모르겠다 이야기하는 걸까?

최근 만난 두 기업은 이런 상황에서 기업이 어떤 고민을 하고 있는지 여실히 드러낸다.

"성과는 좋으나 그 임원과 일하는 직원들은 버티지 못하고 계속 퇴사를 해서 분위기가 정말 좋지 않습니다.

후임이 바로 충원되는 것도 아니라 임원 본인이 직접 나서서 실무적인 일을 더 많이 하다 보니 늘 지친 모습입니다. 문제는 그런 리더에 맞춰서 일을 해야 하는 직원들 역시 너무나 힘들어한다는 것입니다.

360도 피드백에서 최하의 점수를 받았는데 임원 본인은 '회사 성과를 위해서 최선을 다하고 있는데 어떻게 나에게 이런 평가를 하느냐'며 화를 냅니다. 정작 함께 일하는 구성원들은 그분의 노력에 대해 평가절하하고 있는데 말입니다.

서로가 얼마나 지쳐 있고 상황을 이해받고 싶어 하는지 전혀 관심도 없습니다. 더 윗선에서는 '더 이상 직원들이 나가면 아무리 성과가 좋아도 그가 나가야 할 것이다' 라고 말하며 빨리 리더십을 변화시키라고 합니다. 그동안 성과가 좋아서 기회를 주는 것이라고요."

조직의 리더십에 빨리 변화가 필요하다고 하면서 다급한 목소리로 코칭을 요청했던 K사 사례다.

"우리 회사는 나름 서로를 위하는 분위기가 있어서 따뜻하게 일하는 곳이라는 이미지가 짙었던 곳입니다. 그런데 최근 단축된 근무시간과 새로운 세대가 조직에 대거 유입되고, 변화된 조직 분위기를 요구하는 목소리가 높아지면서 너나없이 바쁜 나머지 배려가 사라진 것 같습니다.

이전에는 회식자리에서 자연스럽게 대화하며 후배에게 자신의 경험과 일종의 사회생활 노하우 같은 것을 전달했는데 이제는 간결하게 지시할 말만 하고 앞뒤 설명을 자세히 하지 않습니다.

그러다 보니 전후좌우 상황을 제대로 모르는 후배 직원은 상사가 지시한 부분만 업무를 하다가 실수를 하고, 그로 인해 좋지 않은 소리를 듣고는 스스로 무력감에 빠져버리는 상황이 반복됩니다. 팀장들의 리더십이 제대로 발휘되어야 하는데 걱정입니다. 도와주세요."

T사에서 팀장 그룹코칭을 의뢰한 사례다.

위 이야기는 우리나라를 대표하는 두 기업의 사례다. 대한민국을 대표하는 기업들에서 이런 요구가 점점 더 증가하는 이유가 무엇일까? 작은 규모의 조직에 비해서 직원교육도 많이 하는데 왜 이런 현상이 일어나는 것일까? 왜 날이 갈수록 조직의 크기와 상관없이 도움의 손길을 요청하는 일들이 잦아질까?

가장 큰 이유는 함께 일하는 구성원에 대한 이해가 부

족하다 보니 그들이 겪는 아픔과 희망이 무엇인지 알지 못하고 인간적인 측면을 충분히 다루지 못하기 때문이다.

"공감이 세상을 바꿀 수 있습니다"

최근 열린 세미나에서 크게 공감했던 말이다. 나는 이 말에 현재 우리 기업과 경영자를 포함한 크고 작은 조직의 리더들이 갖추어야 할 태도의 모든 것이 함축되었다고 생각한다.

세계 최대 유료 동영상 서비스로 이 시대 가장 뜨거운 기업이 된 넷플릭스의 주요한 성공 비결 중 하나는 '극도로 솔직해져라'다. 높은 성과를 내는 조직문화를 구축하기 위해 구성원들에게 모두 솔직해지라고 요구한다.

빠르게 변화하는 경영의 전선에서 리더가 자신도 모르는 일이 많아 판단하기 어려운 처지에 놓여 있을 때, 먼저 진정성을 갖고 솔직하게 모르겠다고 한다면 어려운 상황을 훨씬 잘 극복할 수 있다. 솔직하게 터놓는 리더가 구성원들의 능력을 인정하며 함께 신뢰감을 쌓아간다면 그보다 훌륭한 위기 돌파 전략이 어디에 있을까.

누구도 확신할 수 없는 미래를 앞두고 척박한 현실의 장 위에서 경쟁 드라이브만 걸어서는 기업이 설 자리는 점점 줄어들 수밖에 없다.

나는 미래 경쟁에서 승리하는 조직은 사람의 마음을 헤아리는 따듯한 기업이라고 생각한다.

이 책은 27년을 리더십이란 분야에 종사하며 만났던 분들의 사례를 담았다. 그동안 책과 칼럼을 통해 이야기했던 것들 중 가장 주요하고 가장 나누고 싶은 것만을 꼽아 이 시기에 적합한 것들이 무엇일지 고민하며 준비한 책이다.

어떻게 하면 자신이 준비된 행복한 리더의 삶을 살아갈 수 있는지, 조직 구성원들의 마음을 잘 읽어서 한마음으로 뭉치고 서로가 원하는 성과를 낼 수 있는지에 대해 정리하였다.

누구도 예외 없이 불안해하는 이 상황에서 리더가 중심을 잡고 구성원들의 마음을 어루만져서 의욕이 왕성하고 즐거움이 넘치는 견고한 팀을 만들어가는 방법과, 과거와는 달리 헌신과 버티기 등의 방법이 아닌 진정으로 개인이 행복하고 체계화된 조직으로서 행복한 조화를 이룰 수 있는 방법들로 채웠다.

지금 나는 무엇을 꿈꾸는가?

그것을 누구와 어떻게 만들 수 있을까?

세대가 변하고 시대가 바뀌어도 절대적인 가치는 결코 변하지 않는다. 흔들리지 않는 가치에 대해 이야기하고 싶었다.

사람 중심 기업이 미래를 책임진다. 서로가 솔직하게 인정하고 성장을 지원하며 기다려주는 조직, 고정관념을 버리고 열린 대화를 나누는 조직만이 유연하게 미래에 대처할 수 있다.

이 책을 읽는 모든 분들이 어떤 상황에서도 늘 긍정적으로 생각하고 미래를 준비하여 함께 일하고 싶은, 다시 만나고 싶은 리더가 되길 간절히 희망한다.

이 책이 나올 수 있도록 지지와 격려를 아끼지 않은 사랑하는 가족과 직원, 동료 코치 분들, 변함없이 믿고 즐겁게 출판해주신 다산북스 김선식 대표, 이호빈 팀장, 봉선미 과장께 감사를 전한다.

홍의숙

차례

INSIGHT 2.

조직 구성원의 마음을 읽는 법
논리만으로는 팀을 움직일 수 없다

INSIGHT 4.
내 편을 만드는 리더의 태도
강력한 팀워크를 만드는 법

INSIGHT 5.
새로운 시대의 조직 관리법
헌신, 형식, 버티기가 통하던 시대는 지났다

INSIGHT 1

리더의 자존감

조직의 승패를 좌우하는 결정적 한 수

당신의 허락 없이 아무도 당신에게 열등감을 느끼게 할 수 없다.(No one can make you feel inferior without your permission.)

_ 엘리너 루스벨트(Eleanor Roosevelt)

성공한 리더는 커다란 자존감을 갖추고 있을 거라고 생각하기 쉽다. 그들은 일 중독자이며 주변의 갖은 시선과 평가에도 자신의 길을 나아가는 자존감 높은 사람이라고 사람들은 쉽게 단정한다.

하지만 사람들의 기대나 예상과는 달리 낮은 자존감 때문에 스트레스를 받는 리더가 많다. 리더는 주변의 부러움과 존경, 때론 따가운 시선을 피할 수 없는데, 낮은 자존감을 가진 리더가 받는 스트레스와 부담감, 압박감은 보통 사람이 겪는 것보다 그 정도가 훨씬 더 크다. 그에 따른 책임 또한 막중하다.

리더의 자존감은 조직에 커다란 영향을 미친다. 높은 자존감을 가진 리더가 이끄는 조직과 낮은 자존감을 가진 리더가 이끄는 조직은 분위기에서부터 성과까지 매우 큰 차이가 난다.

높은 자존감을 가진 리더는 스스로 편안하기 때문에 다른 구성원들에게 칭찬과 격려를 하는 것이 자연스럽다. 그는 좋은 성과에 대해서 자신의 공으로 돌리지 않고 구성원의 공으로 돌리며 개인의 이익이 아니라 팀 목표를 함께 달성하는 데 심혈을 기울인다.

급박하게 돌아가는 기업의 현장에서 발생하는 크고 작은 실수 앞에서 리더는 피드백과 조언을 받게 되는데, 이에 대처하는 자세에서 리더의 자존감은 쉽게 눈에 띈다.

높은 자존감을 가진 리더는 자신의 실수에 대해 누군가 피드백을 하면 앞으로 더 나아가기 위한 방안을 얻는 소중한 기회로 받아들인다. 자신보다 아무리 낮은 지위에 있는 사람이라 하더라도 사안 자체로만 평가한다. 자신의 실수조차 쉽게 인정하고 수정한다.

반면에 낮은 자존감을 가진 리더는 부자연스럽고 억지스러운 모습을 보여서라도 자신을 드러내기 위해 무리수를 둔다. 자신의 의견과 반대가 되는 상황이 되면 목소리를 지나치게 높이며 강압적인 분위기를 조성하거나, 외적인 모습을 드러내는 데 더 많은 시간을 보내고, 모든 면에서 완벽하게 보이고 싶은 마음에 결정하는 일에 신중하다 못해 결정장애적인 증상을 보인다.

그러면서 구성원들이 하는 피드백에 대해 아직 잘 몰라서 하는 말이라며 의견을 무시하고 하찮게 여긴다. 사안 자체로 평가하지 못하고 자신과 반대되는 입장에 서 있는 의견에는 일단 부정적인 점부터 찾으려 하며 급기야 피드백 자체가 잘못되었다고까지 말한다.

이런 차이가 조직에 얼마나 큰 영향을 미치겠는가?

자존감은 감정지능을 표현하는 데 매우 중요한 역할을 한다. 긍정적인 감정지능을 표현하는 리더는 높은 자존감을 갖고 자신의 행동을 잘 통제하며 솔직한 대화를 하면서 구성원들이 즐겁게 일할 수 있는 상황을 만들어준다.

리더의 자존감은 좋은 리더로 거듭나기 위해 갖추어야 할 첫 번째 단추다. 리더다운 자존감을 갖추지 못한 리더가 리드하는 팀과 조직은 절대 바른 방향으로 나아갈 수 없다.

자존감이 높은 리더는

실수를 쉽게 인정하고 수정한다.

아무리 낮은 지위에 있는 사람이라도

사안 자체로만 평가한다.

그들은 스스로 편안하기 때문에

태도와 행동이 자연스럽다.

HOW GREAT LEADERS
MOVE PEOPLE'S MIND

• 1 •

내가 누군지도 모른 채 리더가 되었다

리더에게 실패의 두려움만큼 부담스러운 것은 없다. 성공적으로 사업했던 기억은 지금의 힘든 모습과 대비되어 자신을 더 초라하게 만든다.

그리고 조급함에 쫓겨 잘못된 판단에 이르게 된다. 악순환이 반복된다.

반복된 실패가 주는 가장 큰 어려움은 자신의 판단을 믿지 못하게 된다는 데 있다. 스스로 위축된 상태에서는 자신이 잘할 수 있고 잘 아는 분야라고 생각했던 것에서조차 확신을 못하게 된다.

남들이 하는 말에 귀를 쫑긋 세우고 귀 기울이게 되고, 자신이 지금껏 한 번도 해본 적도 없고 전혀 알지도 못하는 분야인데도 남들의 의견만 믿고 따라가고 만다.

다른 사람의 의견을 소신이라 착각하게 되는 이유

사업에서 성공을 맛본 사람일수록 이러한 경향이 더욱 두드러진다. 처음 사업을 시작할 때 만반의 준비를 갖추고 시작하는 사람은 드물다. 작은 규모로 시작한 뒤 조금씩 수정하고 발전시키면서 사업을 키워간다.

심지어 아무것도 모르는 상태에서 사업을 시작했는데 운과 기회가 절묘하게 잘 맞아 성공하는 케이스도 더러 있다. 그럴수록 다음 사업에 대한 자신감은 커지는데, 다음에도 운과 기회가 잘 맞아 성공하기란 쉽지가 않다.

20년 전, 사업을 시작해 성공을 맛보았던 최 사장의 모습이 그랬다. 최 사장은 아무것도 모르는 상태에서 스포

츠용품 사업을 시작했다. 열심히 하다 보니 매장을 10군데로 확장해 경영하게 되었다.

그런데 7년 전부터 사업이 어려워져 매장을 정리할 수밖에 없었다. 새로운 마음으로 업종을 바꿔서 음식점도 해보고 수입품 판매도 해보고 의류할인매장도 해봤다.

잠도 제대로 못 자고 열심히 일했는데 어느 것 하나 성공한 아이템이 없었다. 지금은 가족한테도 인정받지 못하고 짐스러운 존재가 된 느낌이다.

7년 동안 업종을 세 번이나 바꾼 이유에 대해 물었다. 매번 다른 업종을 선택한 이유가 궁금했다. 음식, 수입품, 의류 등 비슷한 분야도 아니고 완전히 다른 종류를 사업 아이템으로 선택한 특별한 이유가 있을까?

"시류에 올라타면 저도 성공할 수 있을 줄 알았지요. 다른 사람들이 트렌드라거나 좋다고 하는 분야에 손을 대다 보니 업종이 그때마다 바뀌었어요."

그는 소신 있게 결정하지 못하고 우유부단한 상태에서 결정을 내리고 사업을 진행했다. 다른 사람이 말하는 것을 자신의 기준으로 그대로 삼아버린 것이 가장 큰 문제였다.

다른 사람이 말하는 것은 그 사람의 기준이지 나의 기준이 아니라는 점을 분명히 해야 한다.

때때로 사람들은 다른 사람의 의견을 계속 듣다 보면 마치 그것이 자신의 생각이라고 착각하게 되는 경우가 있다. 그리고 그것을 소신이라 생각하고 밀고 나간다.

왜 그럴까? 자신의 성향과 장단점을 엄밀히 분석해보지 않았기 때문이다.

리더의 흐릿한 자존감은 조직의 흐리멍텅한 미래다

우리는 우리 자신에 얼마나 알고 있을까? 리더의 자리에 오르고, 많은 사람들의 선두에 서서 진두지휘하는 입장이 되고, 찬란한 성공을 맛보아도 자기 자신에 대해 잘 모르고 있는 경우가 허다하다. 객관적으로 자신을 들여다

볼 질문이 필요하다.

- ‘나는 나를 잘 알고 있다’고 생각하는가?
- 그것은 정말 ‘객관적인 나’의 모습일까? 자신에 대한 기대와 객관적인 사실이 섞여 있는 것 아닐까?
- 주변에서 봐주었으면 하는 나의 모습에 자신을 끼워 넣고 있지는 않은가?

리더가 자신에 대해 잘 알지 못하고 막연한 추측을 나의 모습이라 생각할 때, 그 조직이 나아가는 방향은 흐릿한 리더의 자아와 똑같은 모습으로 흐리멍텅한 과정과 미래를 밟는다.

사업을 시작하기 전 먼저 자신의 특성과 성향을 꼼꼼히 파악하는 것이 급선무다. 그러면 확신을 가지고 시작할 수 있다.

인간관계에서 어떤 점을 키우고 어떤 점을 버려야 하는지를 파악하고 리더로서 직원들과의 관계 형성을 어떻게 해야 잘 쌓을 수 있는지 등도 파악해야 한다.

힘들 때일수록 더욱 시간적 여유를 갖고 사업가로서 갖추어야 할 기본 자질과 실패 요인을 점검하는 기회를 가져 봐야 한다.

자신의 재능과 적성을 모르고 리더가 된 사람들

그동안 사업과 업무가 왜 실패의 가도를 달렸는지 자신을 돌아보라. 회사에서 상당한 지위에 오르고도, 리더의 자리에 있으면서도 자신의 재능과 적성이 무엇인지 제대로 알지 못하는 사람이 적지 않다.

재능과 적성이 무엇인지 지금에 와서 알아보는 것이 부끄러운 일이라고 생각하는가? 실패의 길 위에 서서 자존감을 갉아 먹히고 있는 것이 더 부끄럽지 않은가?

조급한 마음에 다짜고짜 시작하지 마라. 멀리, 크게 보고 실패를 밑거름 삼아 다시 시작하라.

자신의 행동 성향과 성격의 유형을 파악하는 과학적인 진단 도구들이 많이 나와 있으므로 이 도구들을 활용해보길 권한다.

실패는 삶에서 자연스럽게 만나는 것이다. 실패와 더불어 사는 지혜를 갖춰야 한다.

성공이란 실패의 바다에 떠 있는 하나의 섬이다. 실패를 만났을 때 어떻게 받아들이느냐가 우리의 앞날을 결정한다. 실패는 미래에 더 큰 성공을 가져다주는 기회가 될 수 있다.

멀리 보라. 실패는 성공을 향한 머나먼 여정에 거쳐야 할 이정표다. 앞으로 살아갈 시간을 생각해보라.

실패했다는 것은 더 멋진 인생을 펼칠 수 있다는 가능성이다. 실패가 좌절로 이어질 때 당신의 인생은 진짜 실패한다. 그러나 실패가 꿈으로 이어지면 실패는 살아 있는 경험 자산이 된다.

나는 실험에 실패할 때마다

성공을 향해 한 발짝 더 다가가고 있다고 생각한다.

_토머스 에디슨(Thomas Edison)

2

주변의 부정적 시선을 어떻게 이겨낼 것인가

기대와 요구 수준은 갈수록 높아지는데 현실의 환경은 뒷받침되지 않을 때, 대개 리더들은 의기소침해진다. 그리고 이럴 경우 리더를 더 힘들게 하는 것은 스스로에 대한 실망감과 현실에 대한 답답함보다도 주변의 부정적인 시선이다.

기다리던 승진을 했을 때, 더 나은 조건의 회사로 이직했을 때 더 나은 자리로 올라간 기쁨은 크지만 그에 따른 책임과 부담, 압박 또한 비례해서 커지게 마련이다.

높은 의욕만큼 일이 잘 풀린다면 다행이지만 그렇지 않

은 일들이 하나둘 쌓이면 새로운 자리에 적응할 새도 없이 의기소침해지고 만다.

급기야 '당신 정말 잘할 수 있겠어? 어디 한 번 해봐'라는 무언의 압력을 받는 것처럼 느껴지면, 지쳐가는 자신이 너무 초라해 보여서 사람들과 마주치지 않기를 바라는 상황까지도 이르게 된다.

미친 듯이 일했는데 성과는 좋지 않고 주변의 시선도 따가우면 자신이 완전히 고갈된 느낌을 받는다. 결국 해결책을 찾지 못하면 승진과 이직의 기쁨이 다 식기도 전에 그만두어야겠다는 결론에 이르고 만다.

높은 요구를 만족시키기 어렵다면 어떻게 해야 할까?

30대 중반의 최 팀장이 털어놓은 하소연은 이직을 경험한 많은 30대 중반 리더들에게서 쉽게 들을 수 있는 고민이다.

최 팀장이 다른 회사에 잘 다니다가 이 회사로 옮겨 온 이유는 매사에 열정적인 사장 밑에서 일하면 배울 것이 많고 할 수 있는 일도 많을 거라는 생각에서였다.

사장은 언변이 뛰어나고 아이디어도 풍부해서 주위 사람들에게 인기가 많았다. 최 팀장 역시 그런 사장 밑에서 더 큰 미래를 그리고 싶은 마음에 회사를 옮기기로 결정했다.

하지만 실제로 한 회사에서 함께 일을 해보니 예상했던 것과는 많이 달랐다. 높은 기준을 가지고 요구하는 사장은 늘 다른 회사의 실적과 비교하니 아무리 열심히 일을 해도 만족시키기 어려웠다.

초반에는 사장의 높은 요구를 적극적이고 열정적인 자세로 받아들였기 때문에 가능한 한 기대 수준에 맞추려고 최선을 다했다. 하지만 차츰 무리한 요구에 지쳐갔고, 현재는 심각한 갈등에 빠져 있는 상황이었다.

"처음 입사할 때 20명이었던 부서원이 3개월 후에는 반으로 줄더니 지금은 5명밖에 남지 않았습니다. 그때나 지금이나 일의 양은 더 늘었지 줄지는 않았습니다. 그런데도 회사에서는 사정이 좋지 않다는 이유로 충원을 해주지 않습니다.

올해 연봉 계약을 체결해야 하는데 어떻게 해야 할지 막막합니다. 작년에는 인원을 보충해주는 조건으로 회사에서 제시한 금액을 그대로 받았는데, 실제로 충원은 전혀 이루어지지 않았습니다.

이런 경우 성과를 어떻게 측정해서 연봉 책정에 반영해야 할지 판단이 서지 않습니다. 회사에서 기대한 만큼의 성과를 올리지 못한 책임을 저 혼자 떠맡을 수는 없다고 생각하니까요."

바닥까지 떨어진 자존감을 세우는 질문들

열심히 일했건만 자신이 받는 급여는 어디 가서 말하기도 부끄러울 만큼 낮은 수준이었다. 주위에서는 잘 다니던 회사를 그만두고 옮길 때에는 연봉도 그만큼 많이 올려 받았을 게 아니냐고 말했지만 실은 그 반대였다.

이직을 할 당시에는 여러모로 배울 점이 많은 사장과 함께 일할 수 있는 것만으로도 충분하다고 생각했기 때문에 연봉은 그다지 중요하지 않았다. 그런데 막상 이렇게 되고 나니 모든 일이 부질없이 여겨지고 한숨만 늘어갔다.

자신감을 갖고 열심히 일할 때는 다른 사람을 전혀 의식하지 않았는데, 스스로 자신감과 확신을 잃어버리자 누가 나를 비웃지는 않을까 하는 걱정 때문에 신경이 많이 쓰였다.

최 팀장은 '다른 사람이 나를 어떻게 생각할까' 하는 걱정에 빠져 있는 자신의 모습에 스스로 무척이나 놀랐다. '내가 어쩌다 이렇게 됐을까' 하는 생각에 한숨이 절로 나왔다.

'이건 내 모습이 아니다. 내가 왜 이렇게 살아야 하는가?'

대화를 나누는 2시간 동안 최 팀장은 보기 민망할 정도로 자기 자신을 탓하고 원망했다. 자신의 모든 가능성과 잠재력마저 잃어버릴 지경이었다. 이런 상태가 지속된다면 다시 일어서기 힘들어질 것 같았다.

다음과 같은 질문들을 던져 현재 자신의 모습을 정직하게 점검할 수 있도록 도왔다.

- 회사에서 일하면서 자신에게 도움이 되었던 점은 무엇입니까?
- 이곳에서 쌓은 경험은 다른 곳에서 활용할 수 있는 것인가요? 아니면 매우 단순한 업무여서 경력으로 발전시키기 어렵습니까?
- 회사에서 원하는 기대와 자신이 할 수 있는 일에 대해 분명한 의사 교환이 이루어졌다고 생각합니까?
- 1년간 더 근무한다면 자신은 무엇을 얻을 것이며, 회사에는 어떤 도움을 줄 수 있다고 봅니까?
- 그동안 당신이 일하고 살아가는 데 있어서 가장 중요한 기준이 되었던 것은 무엇입니까?
- 기대에 비해 터무니없이 낮은 대우를 받았을 때 그 원인을 분석해보았습니까?

스스로 이 질문에 대해 충실하게 대답해본다면, 자기

자신 안에서 문제를 해결할 수 있는 열쇠를 찾을 수 있을 것이다.

누가 질문해도 확실하게 대답할 수 있는 자신만의 분명한 기준을 세워 놓는다면, 지금보다 훨씬 여유 있는 마음을 가지고 안정적으로 일할 수 있다.

성과를 객관적으로 측정해 연봉을 책정하기 어렵다고 생각이 든다면, 현업에 있는 간부들이 잘 파악해서 회사 매출과 대비해 마련되어진 큰 틀 내에서 세부적인 사항들을 직접 파악해 정하는 것도 방법이다. 회사에서 정해주길 기다리지 말고, 해당 부서의 특성을 제일 잘 알고 있는 부서장이 직접 나서서 세부적인 기준을 마련해 회사에 먼저 제시하는 것도 좋다.

자신을 칭찬하는 용기를 가지자

나는 질문에 모두 답한 최 팀장에게 추가적으로 조언을 했다.

첫째, 여기까지 온 자신을 인정하자.

다니기 싫었던 직장도 후배들을 의식해서 더 참았고, 승진 후에도 다른 사람들이 일을 많이 맡겨서 힘들어하면서도 다른 사람이 의식이 되는 상황은 결코 도움이 되지 못한다. 어려운 상황에서 승진한 것도 본인의 실력이 있기 때문임을 기억하자. 사람들에 대한 원망과 미래에 대한 불안함이 커서 의무감으로 일하는 날들을 지속해선 안 된다. 결과로 성취한 자신을 칭찬하자.

둘째, 나의 경험은 소중한 가치다.

다른 사람보다 더 다양한 경험을 하면 어려움도 많다. 하지만 아픈 만큼 성숙할 수 있고, 자신의 내면에 쌓이는 내공을 느낄 수도 있다. 긴 안목으로 보면 모든 경험들이 자신을 빛나게 할 보석들이다. 경험을 보석을 만드는 과정으로 인식할 때 진정한 가치를 발할 수 있다.

셋째, 자신 있는 태도와 외양을 갖춘다.

힘들다고 자신을 가꾸는 일에 소홀하면 사람들을 만나

생각이 바뀌면 행동이 바뀌고,
행동이 바뀌면 습관이 바뀌고,
습관이 바뀌면 인격이 바뀌고,
인격이 바뀌면 운명까지 바뀐다.
_ 윌리엄 제임스(William James)

는 것이 두려워진다. 의도적으로 더 당당해 보이는 외양을 갖추면 생각과 발걸음도 따라가게 되고 어느 순간 변화된 자신을 느낄 수 있다. 자신 없다고 느껴질수록 자신 있는 것처럼 행동하면 자연스럽게 당당함이 생기고 외부로도 표현된다.

윌리엄 제임스의 "생각이 바뀌면 행동이 바뀌고, 행동이 바뀌면 습관이 바뀌고, 습관이 바뀌면 인격이 바뀌고, 인격이 바뀌면 운명까지 바뀐다"는 말을 기억하자.

당신이 일하고 살아가는 데 있어서
가장 중요한 기준을 명확히 하라.

3

리더의 가면을 벗는 용기

열린 정보의 시대다. 그런데 현장에서 지휘봉을 잡고 있는 많은 리더들이 정보지식사회에서 리더십을 발휘하는 것을 힘겨워한다.

정보사회에는 거의 모든 것이 노출되어 있다. 생산자도 실무자도 리더도 심지어 소비자 또한 비교하고 확인할 수 있는 정보의 숫자가 방대해졌고, 그 속도가 빨라졌다.

그 가운데 새로운 것을 만들어 실질적 이윤을 취한다는 것이 쉽지 않다고 리더들은 토로한다. 무엇인가 탁월한 제품이나 아이디어를 찾아내는 것이 힘들고, 새로운 트렌

드가 시장을 주도하는 일도 많다 보니 아이디어에서 후배들에게 밀리는 느낌도 받는다고 한다.

이들 리더 대부분은 우리 사회가 부족한 것이 많을 때 실무를 하던 사람들이다. 생산하면 팔 수 있었기에 지금과는 상황이 많이 달랐다. 그런 환경에서 리더십을 배웠고, 그것을 토대로 지금도 업무를 하고 있는 경우가 많다.

무(無)에서 유(有)를 만드는 것이 많을 때는 실무자도 리더도 서로 모르는 것이 많다. 해볼 만한 여지가 조금이라도 있으면 그것이 어떤 것이든 인정을 받기가 비교적 쉬웠기 때문이다. 그러나 지금은 상황이 다르다.

왜 리더의 결정만 기다리는 허수아비를 만드는가

조직의 피라미드에서 위층을 차지하는 많은 리더들은 시키면 시키는 대로, 소위 까라면 까는 형식으로 일을 배웠다.

그러다 보니 이들 리더들은 자신보다 더 높은 자리에 있는 리더의 결정만 기다리기 일쑤다.

모두가 리더의 결정만 기다리는 상황에서는 위기가 닥쳐도 누구 하나 새로운 아이디어를 내놓지 못한다. 최종 결정권을 가진 리더만 바라보다가는 모두가 손가락을 빨며 사업의 뒤안길로 쓸쓸히 사라지고 만다.

대학 졸업 후 10년 동안 대기업에서 일한 경험이 있는 D사의 박 사장도 마찬가지였다. 엔지니어의 지식과 경험을 토대로 차린 회사인 D사는 현재 해외에서도 인정받는 탄탄한 제품 서너 개를 보유하고 있고 직원은 100여 명에 이르렀다.

D사는 박 사장 본인의 아이디어와 경험을 밑천으로 20년을 넘게 키워왔다. 그런데 박 사장은 2년 전부터 유난히 조직을 경영하는 것이 힘들다는 생각에 잠 못 이루는 날이 많아졌다.

박 사장이 그동안 발휘했던 리더십은 대기업에서 10년 동안 있으면서 몸에 밴 스타일로 시키면 시키는 일을 어떻게든 해내는 방식이었다. D사의 임원들 또한 박 사장과 마찬가지 리더십을 답습하고 있었다.

회사 전체에 퍼져 있는 잘못된 리더십 스타일을 바꾸는 것이 시급했다.

"새로운 아이디어나 방식을 꾀하기보다는 사장의 결정만 기다리는 상황을 돌파하는 것이 우선입니다."

박 사장 자신부터 변화하지 않으면 조직의 혁신은 있을 수 없었다. 먼저 박 사장은 회의 방식부터 변화를 꾀했다. '이제부터 회의시간이 1시간이면 나의 발언은 10분 이내로 할 테니 나머지는 당신들이 준비해서 진행해보라'고 했다.

하지만 워낙 수동적인 자세로 살아왔던 사람들이라 변화에 어려움을 겪었다. 처음엔 모두가 입을 다물고 고개를 숙였고 어쩌다 누가 말하면 계속 그 사람만 말하는 상황이 벌어졌다.

어떨 때는 10분 이내로 발언하겠다고 한 자신부터 약속을 어기고 혼자서 30분을 이야기하며 직원들에게 또 다시 훈계를 하고 있는 모습을 발견하고 자괴감을 느꼈다.

허상에 자신을 가두지 마라, 리더의 가면을 벗어라

어떻게 해야 진정한 변화를 이끌어갈 수 있을까를 고민하던 그에게 지금 상황을 직원들과 얼마나 교류하고 있는지 물었다. 박 사장은 한참을 곰곰이 생각하더니 입을 열었다.

"직원들이나 다른 기업인들에게 힘들다는 내색을 별로 하지 않습니다. 속내를 잘 이야기하지도 않고요. 그러다 보니 자연스러운 모습보다는 꾸며진 모습을 자꾸만 보여주게 되더라고요."

"리더의 가면을 쓰고 사람들을 대해서는 안 됩니다. 본연의 모습으로 리드할 때 직원들도 자연스러워지지 않을까요?"

허상(虛像)에 갇힌 채 솔직하지 못한 태도를 보이며 리더

의 위상을 얻으려 하겠지만 그것은 착각이다. 자신이 아닌 채 사람들을 대하면 태도와 말투는 부자연스러워진다.

자신의 모습을 제대로 보여주지 않는 가면 쓴 리더에게 누구도 매력을 느끼지 않는다.

"이제 더는 허상에 자신을 가둬두지 마세요. 리더의 가면을 벗어던지세요. 진짜 자신의 모습으로 사람들과 조직을 대하세요. 거짓된 껍질을 벗겨내는 작업이 가장 시급합니다."

자신이 지금 얼마나 힘든지, 우리 회사에 대한 솔직한 고민은 무엇인지, 앞으로 얼마나 버틸지, 고민이 앞서다 보니 아이디어도 생각나지 않고 두려움에 잠 못 이루고 있다는 말까지 박 사장은 솔직하게 회의시간에 털어놓았다. 그러면서 '당신들이 날 도와주지 않으면 나는 회사를 지켜나갈 수 없다'는 말을 진솔하게 했다.

그동안 '나 아니면 안 된다'는 생각, 그래서 '당신들은 내가 없으면 아무것도 아니다'라는 식으로 경영해왔던 사람이었는데 도와달라고 요청을 하는 상황을 박 사장은 너무도 힘들어했다.

리더가 가면을 벗어던지자 뒤바뀐 조직 분위기

변화는 놀라웠다. '시키는 일이나 잘하라'고 했던 사장이 가면을 벗자 직원들이 달라지기 시작했다.

서로 논의하는 것을 어색해했던 그들이 삼삼오오 짝을 지어서 회의를 하기 시작했고 자기 의견을 주장하는 목소리들도 높아졌다. 그중 용기 있는 직원은 어느 정도 회의를 한 후 박 사장에게 참석해서 조언을 해달라는 요청을 하기도 했다.

재미있는 것은 수동적으로 행동하는 사람들인 줄 알았는데 의외로 적극성을 띤 직원들이 나타나기 시작했다는 점이다. 그들이 새로운 문화를 만들어가는 모습은 놀라웠다.

리더가 먼저 가면을 벗어버리자 조직원들도 수동적인 가면을 벗기 시작했다. 그동안 자신이 쓴 가면에 대해 아무런 의심 없이 살아왔다가 위기 상황에서 솔직하라는

너새니얼 호손의 『큰 바위 얼굴』은 뉴잉글랜드에 정착한 이민자들이 인간의 형상을 닮은 바위를 바라보며 삶의 의미와 관대함을 배워간다는 내용이다. 우리는 자애와 진실, 사랑과 군건함을 갖춘 큰 바위 얼굴을 먼 어딘가가 아닌 나에게서 발견해야 한다.

정공법을 택하여 바람직한 모습으로 문화를 만들어가고 있다.

많은 이들이 모여서 일을 만들어내는 조직의 힘은 매우 크다. 그 속에 녹아져 있는 조직의 문화가 주는 가치는 돈으로 환산하기 어렵다.

건강한 조직문화는 직원들의 사고와 행동에 올바른 방향과 힘을 실어주게 된다. 하나로 뭉치게 하고 삶의 의미를 찾게 해주는 중요한 역할을 하는 것이다. 그리고 그 문화는 조직원들이 가면을 벗고 진솔하고 정중하게 서로를 대할 때 생긴다.

그토록 찾아 헤매던
큰 바위 얼굴은 어디 있는가?

너새니얼 호손(Nathaniel Hawthorne)의 큰 바위 얼굴에서 보면 주인공 어니스트는 어머니께 들은 큰 바위 얼굴의 위대한 전설을 생각하며 주인공을 만나기 위해 기다린다. 자신은 항상 부족한 사람이라 생각하며 노력하면서 자애와 진실, 사랑을 전하며 위대한 인물이 나타나길 평생 기다렸으나 만날 수 없었다. 노년이 된 그는 한 시인에 의해 그가 큰 바위의 얼굴을 하고 있다는 소릴 들었다. 오랜 기다림과 노력이 그를 그토록 원했던 큰 바위 얼굴을 닮은 사람으로 만든 것이다.

우리는 습관이라는 이름으로, 성공적인 경험을 했던 것

으로 아무런 의심 없이 당연하다는 듯이 행동하며 살아갈 때가 많이 있다. 자신들이 속한 조직은 어떤지 가끔씩 멈추어서 점검해보자.

우리 조직은 지금 어떤 가면을 쓰고 있는지, 그 가면을 벗으면 어떤 모습이 보여질지, 그리고 진정으로 원하는 조직의 모습이 무엇인지 점검하자.

나부터 원하는 조직을 생각하며 거기에 걸맞은 행동을 한다면, 조직의 가면이 벗겨지면서 오히려 더 빛을 발할 것이다.

이제 더는 허상(虛像)에 자신을 가두지 말자.

가면을 벗어 버리자.

4

영향력이 없다면 절대 리더가 될 수 없다

리더십에 대한 정의는 수없이 많다. 그중에서도 나는 미국의 리더십 전문가 존 맥스웰(John Maxwell)이 리더십을 영향력의 측면에서 바라본 정의에 가장 공감한다. 존 맥스웰은 단언했다.

"영향력이 없다면 절대 리더가 될 수 없다."

리더는 어떤 형태로든 주위에 영향을 끼치게 마련이다. 그런데 조직 내에서 자신이 어떤 영향력을 얼마나 끼치고 있는지 아는 사람이 몇이나 될까?

내가 말하고 싶은 영향력은 리더의 한마디를 조직 구성

원들이 저자세가 되어 받들거나 리더가 큰소리로 조직을 좌지우지하는 종류가 아니다.

리더가 주변 사람을 대하는 태도, 일을 처리하는 자세, 조직을 바라보는 시각 등 겉으로 분명히 드러나지 않는 태도 하나까지도 조직 전체에 안개처럼 깔린다.

조직 구성원들은 숨을 쉬듯 안개처럼 깔린 리더의 태도와 자세, 시각을 답습하게 된다. 곳곳에 미쳐 있는 리더의 영향력과 같은 자세로 조직은 탄생하고 성장하고 저문다.

리더의 영향력은 안개처럼 조직에 스며든다

여러 기업체들을 다니다 보니 꽤 흥미로운 공통점을 하나 발견하게 되었다. 리더와 비서가 놀랍도록 닮은꼴이라는 것이다.

D사 김 상무는 자신의 전문성에 대해서 스스로 높이 평가하는 경향이 있고 다른 사람들에 대한 배려가 약하다.

솔직한 성격이 장점이라고 하면서 자신의 생각을 여과 없이 표현해서 주변 사람들을 당황하게 만드는 일이 많다. 그래서 김 상무를 만나고 나오는 사람들의 표정을 보면 대부분 굳어 있다.

흥미로운 것은 비서 역시 주변에서 일어나는 일에 대해 별 관심을 기울이지 않고 오직 자신의 직속 상사인 김 상무를 위한 일 외에는 아무것도 하지 않는다는 사실이다. 심지어는 협력 부서나 외부 기관에 대해 무례할 정도로 고자세를 취하곤 한다.

반면 S사 이 본부장은 자신이 엔지니어 출신이어서 커뮤니케이션 능력이 부족하다고 여기고 늘 낮은 자세로 직원들을 대한다. 스스로 리더십이 부족해서 걱정이라고 말하지만 이 본부장의 사무실에 드나드는 사람들의 표정을 보면 사정이 다르다는 것을 느낄 수 있다. 이 본부장을 만나는 사람들은 하나같이 밝게 웃는다.

비서 역시 항상 겸손한 자세로 손님들을 대한다. 주변을 정갈하게 유지하고 항상 밝은 미소로 사람들을 맞이하며 무슨 일이든 찾아서 하려고 노력하는 모습을 볼 수 있

뛰어난 리더란

자기 자신이 먼저 솔선수범함으로써

주변 사람에게 선한 영향을 주는 사람이다.

_ 샐리 헬게센(Sally Helgesen)

다.

무엇이 이 두 비서를 흑과 백처럼 차이 나게 만들었을까? 개인 성향의 차이도 없지 않겠지만, 분명한 것은 늘 가까이에서 리더가 어떤 자세로 사람들을 대하는가를 보는 비서가 리더를 가장 많이 닮아간다는 사실이다.

내가 업무 지시를 내리면 직원들은 어떤 반응을 보이는가?

조직 내에서 자신이 어떤 영향력을 끼치는지 알고 싶다면 다음 질문들에 스스로 답해보길 바란다.

"내가 업무 지시를 내리면 직원들은 어떤 반응을 보이는가?"

무조건 수용하는지 아니면 자신의 의견을 기탄없이 말하는지에 따라 당신의 리더십 스타일이 경직되었는지 유연한지 판단할 수 있다.

"나와 일한 이후로 직원들이 성장하고 있는가?"

성장하고 있다면 리더와 직원 모두가 공통적으로 느낄 수 있을 것이다.

"내게서 뭔가를 배우고 싶어 하고, 더 오래 함께 일하고 싶어 하는가?"

"좋은 리더를 만나서 덕분에 배운 것이 많고 성장할 수 있었다는 감사 인사를 받은 적이 있는가?"

"내가 하는 일이라면 무슨 일이든 믿고 함께할 수 있다는 말을 들은 적 있는가?"

어미 게가 새끼 게를 보고 왜 옆으로 걷느냐고 나무라지만 실은 그게 바로 자신의 모습이란 것을 모르고 하는 소리다.

당신은 어떤 리더가 되고 싶은가? 당신의 말과 행동이 가까운 직원들에게 거울 역할을 하고 있음을 잊지 말길 바란다.

사람들은 시각에 가장 영향을 많이 받는다. 겉으로 드러나는 태도에서부터 솔선수범하는 모습을 보여주어라.

주변 사람들을 하대하지 말라. 최고 리더의 아랫사람

하대 습관은 조직 내 크고 작은 부서의 장들에게도 똑같이 적용된다. 하대하고 강압적인 태도가 지배하는 조직이 어떻게 위기에 유연하게 대처할 수 있을까?

동기를 부여하는 말을 하라. 특히 상대와 정서적으로 교감할 때 진정한 영향력을 발휘할 수 있다. 직원들이 역량을 발휘할 수 있도록 관심을 기울이고 도와라. 그리고 어느 정도 직원이 성장했을 때는 과감하게 권한을 부여하고 더 큰 리더로 성장할 수 있도록 도와라.

최고 리더에서부터 조직에 산재해 있는 작은 리더까지 성장의 기쁨이 무엇인지 알고 실행할 때 더 큰 미래를 그릴 수 있다. 한 사람 한 사람이 조직 전체에 끼치는 영향력이 어떤 의미를 가지는지에 대해 스스로가 깊이 고민하도록 해야 한다.

당신의 조직은 성장의 기쁨을 알고 실행하는가,
아니면 주어진 일을 처리하기에 각자 바쁜가?

• 5 •

자신만의 리더십 유형을 개발하라

"나도 당당하게 자신을 표현하고, 감정 표현이 다양한 팀장이 되고 싶다. 유 부장 같은 팀장이 되려면 어떻게 해야 할까?"

문 팀장은 명문대학에서 경제학을 전공한 엘리트 사원이다. 학교에 다닐 때는 자타가 공인하는 모범생이었고, 직장인이 된 지금도 크게 벗어나본 적이 없다.

문 팀장은 자신의 경쟁력이 강한 업무추진력과 성실성에 있다고 생각한다. 회사 내에서 어느 정도 능력을 인정받아 내년에는 일본 지사로 파견 근무를 나갈 예정이다.

하지만 문 팀장은 요즘 들어 회사 생활에 지루함을 느끼고 있었다. 상사와도 눈에 띄는 문제는 없으나 친밀감을 갖고 있지 못한 형편이다.

자기 성향에 맞는 리더십 스타일을 만들어라

문 팀장이 회사 내에서 역할모델로 삼고 있는 사람은 타 부서의 유 부장이었다. 특히 유 부장의 탁월한 리더십, 즉 다양한 감정 표현과 여유로움을 닮고 싶었다.

문 팀장은 향후 진로 문제와 리더십의 개발을 목표로 내놓았다. 그러면서 자신의 커리어를 어떻게 관리할 것인가 답을 얻고 싶어 했다.

간단해 보이는 질문이지만, 여기에 답하기 위해서는 지금 하고 있는 일이 정말 내가 좋아하는 일인가, 앞으로 어떤 일을 하면 더 큰 가능성이 있을까 하는 문제를 결정하고, 리더십 향상을 위해 당당하게 자신을 표현하는 방법과 다양하게 감정을 표현할 수 있는 방법을 우선 배워야 한다.

리더십에 관해 어떻게 생각하고 있는지 알아보기 위해 여러 가지 질문을 던졌다.

- 리더십이 무엇이라고 생각하는가?
- 회사 내에서 리더십을 잘 발휘하고 있는 역할모델은 누구인가?
- 그 역할모델의 강점은 무엇이라고 생각하는가?
- 자신의 리더십이 가진 강점은 무엇인가?
- 역할모델은 어떻게 해서 그런 리더십을 발휘하게 되었다고 생각하는가?

결과를 분석해보니 문 팀장은 논리적이고 분석적인 성격에 책임감이 강한 반면에 상상력 등의 직관적 능력은 소홀히 하는 경향이 있었다.

이는 문 팀장이 역할모델로 삼고 있는 유 부장과는 동떨어진 성향이었다. 따라서 문 팀장이 리더십을 향상시키기 위해 다양한 감정 표현 방법을 배우는 것은 별 도움이 될 것 같지 않았다.

남을 흉내 내는 리더십은 금방 바닥을 드러낸다

질문에 대한 답을 토대로 문 팀장에게 몇 가지 조언을 했다. 사람마다 서로 다른 강점과 색깔을 지니고 있고, 따라서 그에 맞는 리더십을 발휘해야 하므로 그 방법에 대해 이야기를 나누었다.

"문 팀장님, 당신에게는 당신의 색깔이 있고 유 부장에게는 또 그만의 색깔이 있습니다. 당신이 가진 당신만의 강점, 예를 들면 논리적으로 남을 설득할 수 있는 능력이 있는데도 그것을 제쳐두고 감성적인 스타일의 리더십을 발휘하려고 한다면 어떨까요? 다른 사람의 옷을 입고 있는 것처럼 왠지 어색하고 불편하지 않을까요?

자신의 강점을 가장 잘 나타낼 수 있는 색깔로 주위에

영향력을 끼칠 수 있다면 그것이 진정한 자신만의 리더십이 아닐까요?"

문 팀장은 특유의 차분함과 논리정연함으로 상대방을 설득하는 능력을 갖고 있었다. 그것은 문 팀장만이 가진 고유의 색깔이었다.

갓 리더가 된 사람들은 흔히 자신이 역할모델로 삼는 사람의 강점을 자신도 똑같이 가질 수 있기를 바란다. 하지만 그것보다는 자신이 가진 강점을 더욱 강화하고 발휘할 수 있도록 노력하는 것이 더욱 중요하다.

흔들리지 않는
자신만의 리더십 원칙을 가졌는가?

리더십을 향상시키는 가장 빠른 지름길은 자신의 강점을 활용할 수 있는 자기만의 리더십 유형을 개발하여 발휘하는 것이다.

물론 자신의 강점을 발휘하면서 약점(타인에게 본받고 싶

사람의 마음을 사는 가장 좋은 방법은

당신의 무지나 약점을 솔직히 인정하는 것이다.

_ 켄 블랜차드(Kenneth Blanchard)

은 점)까지 보완하려고 노력한다면 금상첨화일 것이다.

처음부터 자기만의 원칙을 가지기란 쉽지 않다. 혼자만 노력한다고 리더십을 완성할 수 있는 것도 아니다. 따르는 사람이 없는 리더십이 무슨 리더십이란 말인가?

혼자 해결할 수 없는 문제라면 자기만의 색깔을 찾으며 때론 실패하고 사람들과 부딪치면서 조금씩 개선해나가야 한다.

자기만의 리더십을 완성하면 마음이 편해지고, 주위 사람들을 대하는 것도 훨씬 자연스러워진다. 사업과 인생을 바라보는 시야도 함께 넓어진다.

함께 일하는 직원들의 행동 유형과
자신의 행동 유형에서
일치되는 것과 상반되는 것은 무엇인지 점검하자.
무엇을 바꾸고 무엇을 지킬 것인가?

• 6 •

위기일 때 책임지는 리더가 돼라

모든 일이 잘 진행되고 있을 때에는 제법 훌륭한 리더처럼 보이던 사람도 위기 상황에 처하면 품위는 온데간데없이 자기 자신을 보호하기에 급급하여 본색을 드러내곤 한다.

어떻게든 상황을 모면하기 위해 달아날 궁리부터 하거나 다른 사람에게 책임을 전가하기도 한다.

부정적인 상황에 처하게 되면 몸부터 사리는 리더들이 얼마나 많은가? 결정을 미루며 우왕좌왕하기도 하고, 신경질을 내기도 하고, 자신의 체면을 우선시한 나머지 완

고해지기도 한다. 그야말로 각양각색의 다양한 반응이 나타난다.

누구에게나 상황에 따른 이유와 변명거리가 있는 법이다. 그리고 제아무리 성품이 좋은 사람이라도 자기 자신이 위험한 상황에 처하게 되면 순간적으로 자기중심적이 될 수밖에 없다.

이런 상황에도 불구하고 스스로 책임을 떠맡는 사람이 있다. 사람들은 이런 사람을 보면 끝까지 신뢰할 수 있는 사람이라고 여기고 따른다. 그리고 자연스럽게 리더의 자격을 부여한다.

위기 상황에 대처하는 태도를 보면 진정한 리더인지 아닌지를 판단할 수 있다. 화려하고 품위 있어 보이는 포장지로 아무리 스스로를 감싸도 위기 상황 앞에서는 민낯이 드러난다.

위기에 부끄럽지 않은 리더가 될 자신이 있는가?

책임질 수 있는 용기는 어디에서 나오는가

요즘처럼 사회적으로 변화가 극심하고 불안정한 상황이 계속되면 내면에는 불안감이 쌓이게 마련이다. 이럴 때일수록 조직은 스스로 책임을 떠맡고 일을 추진할 수 있는 사람을 필요로 한다. 책임질 줄 아는 리더가 빛을 발하는 순간이다.

하지만 책임을 진다는 것은 결코 쉬운 일이 아니다. 용기가 필요한 일이다. 어떻게 책임질 수 있는 용기를 가질 수 있을까?

먼저 자신을 투명하게 드러낼 수 있어야 한다. 주변을 둘러보라. 자신을 있는 그대로 드러내는 사람은 심신이 건강한 사람들이다. 그들은 기쁨은 물론이요 불안함 또한 애써 감추지 않는다.

자신을 투명하게 드러내는 리더는 고민과 걱정거리가 내면에 쌓이지 않고 겉으로 분출을 하니, 속이 곪지 않는다. 막힘이 없이 흘러내리는 신선한 시냇물처럼 태도와 말투가 자연스러우니, 갑작스러운 위기 앞에서도 평소의 자연스러움이 저절로 드러난다.

피터 드러커(Peter Drucker)는 "리더십의 본질은 리더가 가진 자질이 아니라 일과 책임에서 나온다"고 했다. 리더의 자리에 앉고도 책임을 지려하지 않는 사람은 본질적으로 리더라 할 수 없다.

훌륭한 리더처럼 보일 것인가, 진정한 리더가 될 것인가?

자신의 역할을 책임의 관점에서 생각하는 리더는 행동부터 다르다. 조직의 사명과 목표가 무엇인지를 생각하고 이것을 명확하게 한다.

그리고 조직에서 할 일들의 우선순위가 무엇인가를 결정하고 사명과 목표를 달성하기 위해 바람직한 행동의 기준이 무엇인가를 제시한다.

리더십의 본질은
리더가 가진 자질이 아니라
일과 책임에서 나온다.
_ 피터 드러커

이런 행동을 통해 리더는 조직 내에 목표에 대한 인식과 실행에 대한 책임감을 유지한다. 그는 특권을 추구하지 않고 책임을 진다.

그들은 일이 잘못되었을 때 다른 사람을 책망하지 않는다. 기꺼이 부하 직원의 잘못을 지적하고 일을 올바르게 하려고 노력하지만 최종적인 결과에 대해서는 자신이 책임진다.

책임질 줄 아는 리더는 자기보다 뛰어난 능력을 가진 부하 직원을 두려워하지 않는다. 왜냐하면 그는 최종 책임을 지는 자로서, 직원들의 성공을 곧 자신의 성공으로 생각하기 때문이다.

훌륭한 리더처럼 보일 것인가, 진정한 리더가 될 것인가? 건강한 뚝심으로 위기 상황에서도 책임질 줄 아는 아름다운 리더가 되기를 바란다.

훌륭한 리더는
조직원에게 감동을 주고

그들의 마음에 공명이 일어나도록 한다.

_ 대니얼 골먼 (Daniel Golman)

INSIGHT
2

조직 구성원의 마음을 읽는 법

논리만으로는 팀을 움직일 수 없다

사람들은 누군가와 함께 일을 하거나 살게 되면 상대방의 마음을 잘 알 것 같고, 상대방도 나의 마음을 잘 알 것이라고 쉽게 생각한다. '당연히 알겠지'라고 단정하고 던지는 말 한마디, 행동 하나가 조직의 와해로까지도 번질 수 있는 일인데도 가볍게 생각하는 것이 안타까울 때가 많다.

리더가 '조직 구성원들이 내 의도를 잘 파악하고 있다'고 가정하고 일을 진행했을 때 문제는 시작된다. '나는 이미 여러 차례 설명을 했고 노력을 해오고 있다'고 생각하고는, 시간과 에너지를 절약한다는 이유로 따로 설명하지 않고 단순 지시만 하는 리더들이 많다.

이는 시간을 단축시키는 일이 아니다. 본인이 편하기

위해 중요한 커뮤니케이션 과정을 생략한 것이다. 조직 구성원과 성실히 과정을 공유하지 않으면 심각한 문제를 발생시킨다.

구성원들이 리더의 생각을 정확히 알지도 못하고 무엇을 요구하는지 잘 이해가 되지 않는 상태에서 무조건 일을 추진하게 하면 지시는 번복된다.

리더는 이를 조직 구성원들의 실수로 받아들이게 되고, 번복되는 지시에 구성원들의 사기는 저하된다. 저하된 사기로 팀 구성원 간에 협력이 이루어지지 않는다. 악순환이 계속된다.

리더가 구성원들에게 무엇인가를 요청하기 위해서는

큰 그림을 먼저 전달해야 한다. 그리고 그것을 하는 이유에 대해 이해를 시켜야 한다. 이때 최대한 명료하게 요청해야 한다. 어설프게 지레짐작한 다음 '어떻게 해야 하는지 알지?' 하는 식의 커뮤니케이션 방식으로 조직을 운영해서는 안 된다.

심리학자 윌리엄 아이크스(William Ickes)는 우리는 대부분 다른 사람의 감정을 비언어적인 감정 표현인 표정과 목소리 톤을 통해서 안다고 했다. 직접 건네는 말 한마디보다 말 한마디 뒤에 감추어져 있는 비언어적인 요소들이 중요하다는 말이다.

나는 경직된 조직 분위기를 유연하게 만드는 가장 쉬운

방법으로 업무에 들어가기 전 10분 정도의 간단한 티타임을 가지는 것을 추천한다. 쉽고 간단해 보이는 이 방법이 장기적으로 조직에 끼치는 영향력은 놀랍다.

그날그날 서로의 현재 상태를 공유하면서 대화를 나누다 보면 구성원의 마음 상태를 예측하며 유연하게 대응할 수 있다. 오해가 쌓이는 여지를 줄여준다. 서로가 바쁘다는 이유로, 부담이 되기 싫다는 핑계로 이 간단하고도 쉬운 방법을 가볍게 여기는 사람들이 있는데, 딱 한 달만 이 방법을 조직에 적용해보자. 서로를 대하는 태도가 바뀔 것이다.

언어적, 비언어적 표현을 잘 읽기 위해서는 먼저 자신의 감정을 자연스럽게 오픈해야 한다. 원하는 바를 말단 사원부터 임원까지 누구라도 이해할 수 있도록 쉬운 표현으로 의견을 전달하자. 자신들의 감정을 자연스럽게 표현할 수 있는 분위기를 조성할 때 보다 쉽게 구성원의 마음을 읽을 수 있다.

매일 보는 이들과 자연스럽게 마음을 나눌 수 있는 방법을 서로가 알고 활용한다면 조직의 많은 문제를 방지하거나 해결할 수 있다.

단축해도 되는 시간과

절대 단축해서는 안 되는 시간이 있다.

바쁘다는 이유로, 부담되기 싫다는 핑계로 생략한 과정이

심각한 와해로 이어진다.

HOW GREAT LEADERS
MOVE PEOPLE'S MIND

• 1 •

"아직도 내 의도를 잘 모르겠습니까?"

'당신을 인정한다'는 말은 그 사람이 가진 능력의 범위를 안다는 말이다. 직원들이 정확하고 빠르게 업무를 처리하기 바란다면 상대방을 먼저 인정하라.

"김 과장! 이번에 새로 합류한 정 대리와는 호흡이 잘 안 맞아요? 상황이 어떤지 궁금하네요. 김 과장이 일이 너무 많은 거 같아서 정 대리에게 일 좀 나눠주라고 한 팀으로 엮은 건데, 한 달이 지나도록 김 과장만 더 바쁜 것 같아요. 내 의도를 알고 있을 텐데 왜 그러지요?"

"부장님 뜻은 잘 알고 있습니다. 저도 처음에는 기대를 많이 하고 정 대리에게 이 일 저 일 맡겨봤는데, 생각보다 일 처리가 마음에 안 드네요. 제가 직접 하는 게 훨씬 낫겠다는 생각이 듭니다. 그러다 보니 계속 바쁘네요."

직장생활을 하다 보면 이런 경우를 종종 보게 된다. 바쁜 사람은 계속 바쁘게 일하고 일 없는 사람은 계속 여유로운 상황 말이다. 해결을 해주느라 도움을 줘도 제대로 활용되지 않고 계속 서로 불만을 가지고 있다.

기업은 직원들의 정확하고 빠른 실행력으로 성과를 높여야 발전하게 되는데 일이 분산되지 않고 정체되어서는 효율성을 높일 수 없다.

어떻게 해결해야 하는가? 이는 모든 기업이 갖고 있는 공통적인 해결 과제라고 할 수 있다.

상호 인정하지 않으면 시너지를 낼 수 없다

위의 상황을 예로 어떤 방법이 옳은 것인지 살펴보자.

이 상황에서는 현재 부장, 과장, 대리 모두 불만이 있다. 얽히고설킨 불만을 푸는 첫 번째 단계는 서로에 대한 상호 인정이다.

상호 인정 없이는 세 사람 모두 만나지 않는 평행선에서 내려올 수 없다.

아무리 훌륭한 조직 체계를 가지고 있어도 그 자체로는 성과가 나지 않는다. 조직 구성원들이 각자의 능력만 앞세워서는 시너지 효과를 낼 수 없다. 서로 협력하고 신뢰할 때 각자가 가진 능력이 배가 되는 시너지가 일어난다.

앞선 예에서 김 과장은 정 대리를 신뢰하지 못하기 때문에 모든 일을 스스로 하고 있었다. 김 과장의 실행력을 높이기 위해 다음과 같은 질문을 던지도록 했다.

"김 과장. 정 대리와 함께 일하는 데 가장 문제가 되는 것이 무엇입니까? 문제가 발생했을 때 김 과장은 어떤 말과 태도로 정 대리를 대했습니까? 정 대리가 가진 장점은 무엇입니까? 그것을 어떻게 활용해야 더 높은 성과를 낼 수 있겠습니까? 현재 팀원들의 강점과 약점을 분석해보았습니까? 시너지를 낼 수 있는 최적의 방법을 팀원과 함께 찾아보았습니까?"

이때 주의해야 할 것이 있다. 아래 두 가지 질문이 함께 이뤄져야 한다.

1. 그 아이디어가 현실적으로 사용 가능한가?
2. 가능한 것이라면 어떤 행동을 취해서 실제 상황으로 연결할 수 있는가?

최근 실행력을 높이는 데 가장 필요한 리더십 툴로 경영 코칭이 꼽히는 까닭은 코칭이 바로 '상대방이 가진 능력을 인정한다'는 철학에서 비롯된 것이기 때문이다.

업무에 자부심을 가질 수 있는 6단계

부하 직원이 스스로 자기 업무에 자부심을 갖고 동료들과 즐겁게 일하기 위해서는 다음과 같은 사항들이 정리되어야 한다.

1 목표에 대한 전체적인 그림을 이해시키고 그 안에서의 역할이 무엇인지 명료히 전한다.
2 그 사람을 선택한 이유와 기대하는 바를 전한다.
3 직원의 생각을 적극적으로 경청한다.
4 경청한 후 상대방이 원하는 것이 무엇인지 정확히 파악하고 의미전달을 다시 한다.
5 직원이 업무를 실행하는 데 어떻게 도와주면 되는지 질문한다.
6 결과에 대해 긍정적 피드백과 발전적인 피드백을 주기적으로 한다.

여기서 여섯 번째 단계는 실행력을 높이는 데 가장 중요하다. 잘했으면 있는 그대로 칭찬하며 피드백을 한다.

한편, 부족한 점이 보일 수도 있는데 이럴 경우 대부분 잘 몰라서 그런 것이므로, 어떻게 하면 그것을 극복할 수 있는지 알려주어야 한다. 그리고 상대방이 이해한 것을 반드시 확인해야 한다.

조직 구성원이 가진 능력을

어느 정도로 인정하고 있는가?

2

"직원들이 워낙 잘하니까 저는 도와주기만 하면 됩니다"

사업을 하는 사람은 모두 '성과'라는 단어에 매우 민감하다. 열심히 노력하고, 최선을 다했다고 아무리 외쳐도 실제로 성과가 나지 않으면 기업은 존속할 수 없기 때문이다.

직원들에게 성과를 내라고 지시하는 사람은 사장이지만, 실제로 직원들이 움직여서 성과를 내도록 동기를 부여하는 사람 또한 사장이다. 성과가 나지 않는다고 해서 실무자들 탓만 해서는 안 되는 이유다.

사람의 진심은 말에 그대로 묻어나온다. 실제로는 직원

을 믿지 않으면서, 직원 앞에서만 믿는다고 말하면 직원이 먼저 알아챈다.

무일푼부터 시작해 10년이 넘도록 회사를 키워오고 있는 두 명의 대표를 코칭하면서 진실된 믿음이 조직의 성과에 얼마나 직접적인 영향을 끼치는지 분명히 알 수 있었다.

닮은꼴 두 대표의
한 가지 결정적 차이점

묘하게도 두 사장에게는 아래와 같은 공통점이 있었다.

첫째, 40대 초반의 동갑이다.

둘째, 거의 무일푼으로 시작해 회사를 일으켰다.

셋째, 일류 대학 출신이 아니다.

넷째, 회사를 운영한 지 10년이 넘었다.

다섯째, 직원들에 대한 사랑과 관심이 특별하다.

여섯째, 사장이 되고 싶어서 시작한 것이 아니다.

일곱째, 커뮤니케이션에 대해 코칭을 받으려고 한다.

배 대표는 대학교를 졸업하고 취업을 하려고 했지만 오라는 곳이 없었다. 천신만고 끝에 얻은 직장도 1년이 안 되어서 문을 닫아버렸다. 배 대표는 '할 수 없이 내가 창업을 해야겠다' 하는 생각에 사업을 시작했다. 현재 이 회사는 120명의 직원과 함께 신축 사옥으로 들어가서 제2의 도약을 위해 혼신의 힘을 다하고 있다.

송 대표는 졸업 후 한 회사에 들어가 열심히 일했다. 그런데 갑자기 집안에 문제가 생겨 그것을 수습해야 할 상황이 되었고, 회사 업무에 지장을 줄 정도로 시간이 많이 걸려서 결국 회사를 그만두었다. 그리고 허름한 창고를 하나 구해 밑바닥부터 시작했다. 회사를 10년이 넘게 열심히 운영하고 있지만 현재 이 회사는 둘로 나뉘어졌다. 송 대표는 50명의 직원들과 신뢰를 회복하기 위해 안간힘을 쓰고 있다.

두 회사는 커뮤니케이션에 대해 코칭을 받고 싶어했지만, 코칭의 방향은 확실히 달랐다.

배 대표는 그동안 직원들과 늘 많은 대화를 하며 착실

하게 내실을 다져왔다. 이제는 외부에 회사 가치를 알리고 직원들에게 더 큰 확신을 심어주는 일에 힘쓰고 싶어 했다. 제2의 도약을 하려면 조직문화를 견고히 해야 하니까 이 모든 일을 잘하기 위해 커뮤니케이션 코칭을 해달라는 것이었다. 이 회사는 매달 자체 세미나를 개최하여 직원과 회사의 발전을 지속적으로 도모해왔다.

송 대표는 회사의 미래를 위해 중국시장 개척에 혼신의 힘을 기울이며 바쁘게 뛰어다녔다. 그런데 이 과정에서 커뮤니케이션이 원활하지 못해 조직이 반으로 나뉘었고 뼈아픈 고통의 시간을 보냈다고 했다.

수습하느라 나름대로 최선을 다했지만 아직도 직원들의 마음이 하나가 되지 못했다. 가장 신경 쓰이는 것은 직원들이 사장인 자신과 직접 대화하는 것을 매우 불편해한다는 것이다. 그래서 어떻게 하면 직원들과 편하게 소통할 수 있는지 코칭을 해달라고 했다. 송 대표도 좋은 세미나가 있으면 직원들에게 기회를 자주 주었고 CEO포럼에도 참가하게 하여 생각을 키우도록 많이 도왔다.

직원을 믿는 리더와 직원을 불안해하는 리더

직원에 대한 사랑과 배려가 크다는 점은 똑같은데 왜 이런 차이가 날까? 두 사장은 공통점이 많은데 무엇이 현재 모습과 필요의 차이를 가져왔을까?

몇 차례 코칭을 진행한 후 공통점이 많은 두 대표가 다른 결과를 만들 수밖에 없는 결정적 이유들을 찾을 수 있었다.

배 대표는 직원들과의 관계에 대해 확신을 가지고 있었다. 예를 들면 외국 회사에서 프레젠테이션을 요청하면 배 대표는 '우리 임원과 팀장들이 아주 유능해서 잘해낼 것이다. 나는 그들이 잘하도록 옆에서 지원하면 된다' 하고 생각한다. 자신의 강점은 긍정적인 사고와 성실함이라고 했다. 직원들과 대화하는 시간이 가장 행복하고, 칭찬을 하는 것이 가장 익숙한 일이라고 했다.

반면에 송 대표는 외국 회사에 프레젠테이션을 할 일이 생기면 담당자를 선별하는 일도 힘겨워했다. 직원들이 잘

큰 비전을 보지 못하고

자신의 업무 목표에만 집중하는 조직은

붕괴하기 쉽다.

_ 허버트 사이먼(Herbert Alexander Simon)

해낼 수 있을 것이라는 확신이 없다는 것이다. 일이 진행되는 모든 과정이 불안하기만 하다고 말했다. 송 대표는 자신의 강점을 분석력이라고 했다. 가장 행복한 시간은 뭔가를 개발하느라 몰두할 때이고, 가장 힘든 것은 직원들과 대화하는 일이라고 했다.

송 대표의 말을 들으면서, 인간의 감정 전달 속도와 반향이 어떤 결과를 만들어내는지 알 수 있었다.

말로는 직원들을 위하고 기회를 준다고 했지만 마음속에 있는 불안함이 그대로 전달되어 직원들은 기회로 받아들이지 않았고 성과도 나오지 않았다.

배 대표의 회사에 방문했을 때 한 직원에게 "이 회사에 다니면서 가장 좋은 점은 무엇입니까?" 하고 물어보았다.

"항상 긍정적으로 생각하는 사장님과 언제든 편하게 대화할 수 있는 것이지요. 그리고 직원들이 회사에 대한 자부심이 강해서 당당하게 일할 수 있는 것도 좋은 점입니다."

이러한 상황을 원하지 않는 경영자가 어디에 있을까?

애써 권위를 내세우지 않는 리더, 진심으로 직원을 인

정하고 격려하는 리더, 틈만 나면 직원의 잘못을 지적하기보다는 나아갈 방향을 제시하는 리더, 이런 리더만이 행복한 성과를 낼 수 있다.

로켓에는 백미러가 없다. 힘차게 달리는 기차 앞에는 장애물이 사라진다. 함께 일하는 직원들에 대한 신뢰를 '기대'라는 이름의 기차에 실어서 힘껏 달리는 경영자가 되길 기대한다.

당신은 불안함을 전달하는 리더는 아닌가?

3

변화의 주체는 누구인가?

공허한 말을 늘어놓는 사장만 태도를 바꾸면 회사가 잘 될 것 같은가?

항상 엉뚱하게 일을 처리하는 김 팀장만 조직을 나가면 될 것 같은가?

누가 변해야 할까?

다음 대화를 살펴보자. 평범한 직장인의 일반적인 반응을 보여주는 대화다. 다음과 같은 반응을 보이지 않는 직장인이라도 대부분 아래 대화에 수긍할 수 있을 것이다.

사장만, 상사만, 아래 직원만 바뀌면 된다는 사람들

"당신의 삶을 주도하는 곳은 어디입니까?"

"그야 당연히 가정과 직장이지요."

"당신의 삶을 주도하는 곳에서 당신은 무엇을 하고 있습니까?"

"……일을 하고 있지요……?"

"당신의 직장이 변화해야 할 점이 있습니까?"

"너무 많지요. 목표 설정, 상사의 리더십, 결재 방식, 사원 복리후생……."

"상사의 리더십에 대해서는 어떻게 생각하십니까?"

"음. 우리 회사는 일단 사장님이 좀 바뀌셔야 해요. 아, 우리 부서 부장님도 좀 그렇죠. 그러면 일하기 좋아질 거예요."

"당신이 변해야 할 것은 무엇입니까?"

"……저야 제 일을 잘하면 되죠……?"

기업의 발전을 주도하는 근본적인 것은 무엇일까? '사

람'이라는 데 이의를 제기할 사람은 없을 것이다. 그런데 **구체적으로 "누가 조직의 변화와 발전을 주도하는가?"라는 질문이 뒤따르면 대개 대답을 얼버무린다. 그리고 대체로 '나'는 주도의 대상에서 빠져 있는 경우가 많다.**

"나는 머리가 굳었으니 실행은 젊은 직원이 하면 되지"

분명 누군가 주도적인 제안을 해야 하고 성과를 내기 위해서 행동으로 옮겨야 한다. 그러나 실제로 조직에서 코칭을 하다 보면 변화와 실행의 주체는 자신을 제외한 다른 사람이라고 지목하는 경우가 너무나 많다.

오래 근무한 직원은 "나는 이제 머리가 굳어서 아이디어가 잘 안 떠올라. 다른 회사에서 스카우트한 유능한 사람이 신선한 아이디어를 낼 수 있지 않겠어?"라고 한다. 실행은 젊은 신입사원들이 해야 한다는 생각을 갖고 있는 것이다.

반면에 젊은 직원들은 "리드하는 상사가 리더십을 제대로 발휘해야 조직의 성과가 제대로 난다"고 이야기한다.

이러한 생각의 간극을 어떻게 좁힐까? 경쟁력 있는 조직이 되기 위해서 어떻게 해야 할까? 조직 구성원들을 상대로 아래 몇 가지 질문을 던지고 측정해보자.

1. 직장에서 당신에게 기대하는 것이 무엇인지 알고 있는가?
2. 당신이 가장 잘할 수 있는 일을 할 기회가 자주 주어지는가?
3. 지난 일주일 동안 인정이나 칭찬을 받은 적이 있는가?
4. 직장에서 상사나 다른 사람들이 당신을 인간적으로 대하고 있는가?
5. 사내에 당신이 하고 있는 일에 대해 신경 쓰고 잘할 수 있도록 격려해주는 사람이 있는가?
6. 당신의 동료는 당신이 가치 있는 업무를 하고 있다고 생각하는가?

이상 여섯 가지 질문은 모두 사람과 관련된다. 이 중에서도 첫 번째 질문은 직장에서 자신에게 기대하고 있는 것이 무엇인지 명확히 아는 사람의 비율을 파악하기 위한 것이다.

결국 경쟁력 있는 조직이 되기 위해 가장 중요한 것은 각자가 자신이 해야 할 일이 무엇인지 명확히 아는 것이다.

더불어 조직의 최고 경영자는 아래의 질문을 추가로 질문하고 답할 수 있어야 한다.

1. 당신이 구성원에게 무엇을 기대하는지 정확히 제시하고 있는가? 또는 그런 체계를 갖추고 있는가?
2. 구성원에게 최적의 임무를 제대로 수행할 기회를 주고 있는가?
3. 지난 일주일 동안 몇 명을 칭찬해주었는가?
4. 부하 직원을 인간적으로 대하는가?
5. 사내에서 솔직한 대화를 나눌 만한 사람이 있는가?

누가 변화의 주체가 되어야 하는가?

변화의 주체가 되어야 할 사람은 바로 당신 자신이다. 당신의 삶을 가꿔주는 가정과 직장에서 주체성을 갖고 주도적인 행동을 하면 당신을 중심으로 일과 생활이 돌아가게 된다. 변화의 주체를 다른 사람으로 상정할 때, 만족스럽지 않은 현실에 대한 불평불만이 쌓이고 그 화살이 다른 사람에게 날아간다.

나 아닌 다른 사람에게 변화의 주도권을 쥐어주지 말자. 질문과 해답을 나 자신에게 찾자. 더 넓은 세계로 나아가는 가장 빠르고 확실한 방법이다.

당신 삶을 변화시키는 열쇠는
누가 쥐고 있는가?

• 4 •

일방적으로 전하지 말고 합의하라

미국 보스턴대학이 450명을 대상으로 7세부터 40년 동안 일생을 추적 연구했다. 그 결과, 성공과 출세에 가장 중요한 영향을 미치는 요인은 다름 아닌 다른 사람들과 어울리는 능력이었다. 좌절을 극복하는 태도와 감정을 조절하는 능력이 그다음 중요한 요인으로 분석되었다.

또 다른 조사에 따르면 지적 능력이나 재능이 성공에 미치는 영향은 15%에 불과한 반면에 인간관계는 85%나 차지했다. 인간관계가 사회생활에서 얼마나 중요한지 알 수 있는 대목이다.

최근 국내에서도 흥미로운 조사결과가 발표되었다. 직장인들이 회사를 그만두는 이유에 대해서 조사했는데, 역시 인간관계의 어려움이 1위를 차지했다.

이들 연구 결과가 의미하는 것은 인간관계가 그만큼 어렵기 때문에 이를 현명하게 잘 풀어나가는 사람이 성공할 확률이 높다는 것이다. 그렇다면 인간관계를 현명하게 풀어가기 위해 가장 중요한 요소는 무엇일까?

1,000가지 중 제일은 커뮤니케이션이다

사람이 둘 이상 모이는 곳이면 나누는 대화가 곧 '커뮤니케이션'이 된다. 커뮤니케이션을 어떻게 하느냐에 따라 조직과 사람이 살기도 하고 죽기도 한다.

미국의 한 기업에서 조직이 가지고 있는 문제에 대해서 조사한 바 있다. 1차 조사결과 사람들이 꼽은 조직의 문제점은 1,000여 가지가 넘었다.

2차 조사에서 1,000여 가지 문제 중에서 100가지를 고르고, 그중에서 다시 10가지를 추려내도록 했다. 그리고 마지막으로 그중에서 한 가지만 골라내니 결국 남은 한 가지가 바로 커뮤니케이션이었다.

나는 커뮤니케이션을 우리 몸의 '혈액순환 작용'에 비유한다. 우리 몸의 각 부분이 똑같이 중요하긴 하지만, 혈액순환이 안 되면 각종 문제가 발생하여 몸을 제대로 지탱할 수 없게 되기 때문이다.

회사 조직 안에서도 커뮤니케이션이 원활하게 이루어지지 않으면 그 회사는 버티어 나갈 힘이 점점 사라지게 된다.

어떻게 하면 커뮤니케이션을 원만하게 할 수 있을까?

1. 자신과 자신이 속한 조직을 인정하라

코칭을 하며 나는 '자기 인정'의 중요성을 아주 절실히 느낀다. 자신을 스스로 인정하지 못하는 사람은 아무리 중요한 일이 주어진다 해도 그 일을 중요한 일로 여기지 않는다.

그렇게 중요한 일이 자기한테 오리라고 믿지 않기 때문이다. 이런 사람에게 중요한 일을 맡기면 과연 어떤 결과를 가져올 것인지 현명하게 생각해보아야 한다.

자기를 인정하고, 준비가 되어 있는 사람은 자신이 중요한 일을 맡는 것을 자연스럽게 받아들인다. 자신과 조직에 대해 자부심을 느끼는 사람은 확실히 커뮤니케이션을 잘한다.

2. '언어, 소리, 시각' 세 가지를 조화시켜라

알버트 메라비언(Albert Mehrabian) 교수에 의하면, 대부분의 사람들은 언어, 즉 메시지 자체를 전달한 것으로 의사표현을 분명하게 했다고 생각한다. 그러나 의사소통을 구성하는 세 가지 요소 중 메시지는 가장 적은 7%의 효과만 있을 뿐이라고 한다. 소리, 즉 밝은 목소리, 적합한 억

양 등은 38%, 눈으로 보이는 말하는 자세, 얼굴 표정, 듣는 태도가 주는 영향은 55%나 된다.

그러므로 말로 표현한 것만을 가지고 의사 전달을 명확히 했다고 생각하면 곤란하다. 언어, 소리, 시각 세 가지가 조화로워야 제대로 된 커뮤니케이션이라 할 수 있다.

3. 서로 피드백을 명확히 주고받아라

많은 부하 직원들은 리더가 하는 말을 잘 이해하지 못했어도 그 자리에서 모른다는 말을 하지 못한다. 그래서 힘들고 어렵게 일을 하고서도 제대로 성과를 내지 못하는 경우가 있다. 리더의 뜻을 분명하게 파악하지 못했기 때문이다.

이런 문제는 상호 간에 전달사항에 대해 확인하는 절차를 밟음으로써 해소할 수 있다. '당연히 알겠지'라는 지레짐작과 바쁘다는 핑계로 반드시 이뤄져야 할 절차를 생략해서는 안 된다.

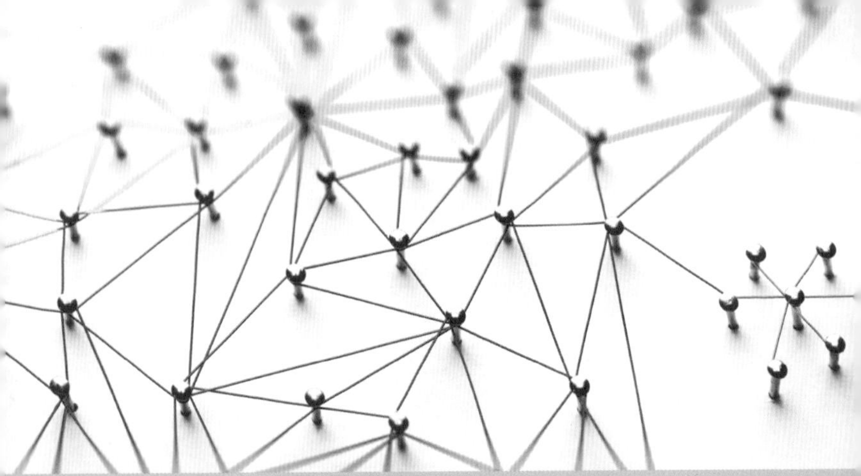

미래 경쟁의 초점은

각 조직 내부 구성원과 외부 조직 간의

효율적인 소통에 있다.

의사소통은 경영 예술의 정점이다.

_ 존 나이스비트(John Naisbitt)

4. 기대하는 말을 하라

프로젝트를 지시하면서 오직 일 이야기만 하지 말자. 기대의 말을 해주자.

"당신이 이 일을 가장 잘할 수 있는 사람이기 때문에 요청하는 것입니다. 이 일을 누구보다 잘해낼 수 있는 당신이 즐겁게 일하면 아주 훌륭한 성과를 가져올 거라고 믿습니다."

기대하는 만큼 얻는다.

결론적으로 커뮤니케이션의 비밀은 먼저 자신감이 있는 상태에서 대화를 시작하는 것이다.

리더는 본인이 전하고자 하는 내용에 대해 확신을 가지고 있어야 한다. 매우 중요한 것을 전달한다고 말하면서도 행동은 가볍게 한다면 의미전달이 제대로 이루어지지 않는다.

전달한 사항에 대해 명확한 피드백을 서로 주고받자. 맡긴 일에 대해 걸고 있는 기대감을 분명하게 표현하자.

실제로 일을 진행하는 사람은 매우 기쁜 마음으로 일할 수 있을 것이다.

어찌하여 형제의 눈 속에 있는 티는 보고
네 눈 속에 있는 들보는 깨닫지 못하느냐.

_누가복음 6:41

5

왜 작은 조직이 똘똘 뭉치지 못할까?

기업체 코칭을 의뢰하는 회사 중에는 규모가 큰 회사도 많지만 직원이 20~30명 정도 되는 규모의 회사들도 많다. 그런데 이상한 것은 그리 많지 않은 적당한 규모인데도 불구하고 직원들 사이에 신뢰 관계가 구축된 회사를 찾아보기는 힘들다는 점이다.

서로 무시하는 언행을 하거나 잘못을 상대 부서 탓으로 돌리는 일이 비일비재하다. 그러니 생산성은 저하되고 회사는 적자에 허덕이는 악순환에 빠지게 된다.

특히 벤처기업이나 중소기업에서는 사람이 귀한 만큼

사장이 부하 직원들에게 나름대로 잘해주려고 하는 것을 많이 보았다. 그런데 문제는 '내가 아무리 잘해주어도 직원들은 그런 배려를 알아주지 않는다'고 하소연하는 CEO들이 많다는 것이다. 왜 그럴까?

무엇을 위해
리더만 만족하는 일을 추진하는가?

경영 코칭을 갔던 D사에서 있었던 일이다. 회사 대표는 직원들의 자질을 업그레이드시키려고 팀장급 이상 직원들을 지식경영 세미나에 참석시켰다.

대표는 큰맘을 먹고 경비 수백만 원을 썼다. 크지도 않은 회사에서 팀장 교육비로 큰돈을 썼으니 당연히 대표의 기대는 클 수밖에 없었다. 그런데 막상 세미나에 다녀온 팀장들의 반응은 달랐다.

"우리에게 필요한 교육이 아니었습니다. 괜히 돈 낭비, 시간 낭비 한 것 같아요. 사장님은 본인이 좋으면 무조건 좋은 줄 알고 시키시는데, 실무를 하는 우리가 얻은 것은 별로 없습니다. 실무자들에게는 각자 담당 파트에서 응용할 수 있는 직무교육이 더 효과적입니다."

일을 진행하기 전에 직원들의 생각을 들어보는 시간을 가졌더라면 이런 일은 없었을 것이다.

큰일을 추진하면서 직원들의 의견을 묻지 않은 채 '나는 이미 경험을 해보았고, 이렇게 하면 도움이 될 것이니 진행하면 된다'는 식은 위험하다. 특히 그 일로 직원들이 바뀌거나 성장하기를 내심 바란다면 더욱 그렇다.

변화를 외치는 사람 따로, 실행하는 사람 따로 있는가?

CEO들은 대부분 직원들의 기대 사항을 잘 알고 있다고 생각한다. 그러나 '알고 있다'는 것을 어떻게 증명할 수 있느냐고 물으면, 그저 추측일 뿐임을 알 수 있다. 즉 '나는 인생의 선배로서 이미 다 경험해보았으니, 이렇게 하는 것이 가장 알맞을 것이다'라고 생각하는 것이다.

디지털 단지에서 IT사업을 하고 있는 정 대표도 그랬다. 그는 요즘 많이 우울하다. 왜냐하면 텔레비전에서 지식 강국, IT 강국 떠드는데 시간이 흐를수록 점점 소극적으로 변하는 직원들을 보니 회사의 미래가 어떻게 될지 암담한 느낌이 들기 때문이다.

1, 2년을 투자해 새로운 프로젝트 하나를 개발하면 안정적으로 자리를 잡아가던 것이, 이제는 몇 개월만 지나도 경쟁이 심화되는 추세다. 이런 때일수록 더욱 적극적으로 일에 몰입해야 할 직원들이 반대의 모습을 보이고 있으니 CEO로서 이 상황을 어떻게 타개했으면 좋겠냐고 내게 조언을 요청했다.

그동안 어떻게 해왔는지 묻자 정 대표는 혼자서 사람들을 만나서 정보를 얻어 가지고 돌아와 나름대로 내용을 정리해서 직원들에게 전달해왔는데 아무도 관심을 기울이지 않더라고 했다.

"나는 회사의 미래를 위해 혼신의 힘을 다하고 있는데 동조자가 없습니다."

정 대표는 중국, 대만, 인도에서 엄청나게 압박을 가해 오는 것이 느껴지기 때문에 5년, 10년 후를 염려해야 한다고 생각했다. 그런데 직원들은 별로 불안해하지 않는 것 같았다. 어느 정도 염려는 하겠지만 중소기업이 갖는 일종의 한계점 정도로 여기고 마는 것 같다.

"대표님이 염려하시는 바를 어떤 방식으로 표현하셨나요?"

"이렇게 말했지요. '지금 우리는 안심할 상황이 아니다. 무섭게 쫓아오는 기업들이 많으니 새로운 아이템을 개발해야 한다. 왜 이렇게 굼뜬 것인가? 당신들은 변화가 느껴지지 않는가?'라고요. 그리고 올해 안에 최소한 서너 개의 아이템을 선정하고 두 개 정도는 실제 개발에 착수해야 한다고 강조했지요."

"그러면 대표님은 개인적으로 어떤 준비를 하고 계십니까?"

정 대표는 곰곰이 생각하더니 자신 없게 대답했다. 열심히 정보를 수집하여 직원들에게 전달한 것 외에는 정 대표 자신도 스스로 준비하거나 행동에 옮긴 것은 없었다는 것을 알게 되었기 때문이다.

왜 리더와 직원의 의견은 자주 충돌하는가?

리더와 직원이 사사건건 불일치하는 원인은 무엇일까? 먼저 리더가 생각한 것을 일방적으로 전달하기 때문이라고 할 수 있다. 한마음으로 함께 일하는 회사를 만들기 위해서는 선행돼야 할 것이 바로 명확하고 솔직한 합의를 이루는 것이다.

회사에서 기대하는 것이 무엇인지를 밝히고, 그것에 직원들이 공감하는지, 그것을 이루기 위해서 어떤 일을 해야 하는지가 직원들의 머릿속에 확실히 인지되어 있는지 확인하고 실행해야 한다.

'아는 것 같다'는 느낌에서 벗어나자. 직원들이 이해한 것에 대해 다시 들어 보고 상호 명료하게 정리를 해야 한다.

큰 비전을 보지 못하고

자신의 업무 목표에만 집중하는 조직은

붕괴하기 쉽다.

_ 대니얼 골먼(Daniel Goleman)

직원이 리더에게 기대하는 것은 방향을 잡아주는 것이다. 그리고 발걸음을 옮길 때 동행한다는 든든함을 보여주는 것이다. 변화가 필요한 상황에서 리더는 무엇보다도 스스로가 가장 큰 책임 의식을 지녀야 한다. 그리고 직원들을 격려하며 진심으로 돌봐야 한다. 외부와 경쟁하기 위해서는 가장 먼저 내부의 힘을 결속시켜야 하기 때문이다.

그렇다고 직원이 한 번에 한마음이 될 것으로 기대하면 안 된다. 먼저 임원과 팀장들을 중심으로 협조를 구하고 지속적으로 논의해야 한다. 임원과 팀장들이 진정으로 CEO와 함께 힘을 합한다면 자연스럽게 전 직원들에게 스며들 것이며 큰 힘을 발휘할 것이다.

자신이 가진 생각을 직원들과 솔직하게 교류하라.
충분히 이해하고 공감대가 형성될 때까지
반복해서 말하라.

6

유능하면서도 쓴소리하는 사람을 가졌는가?

2000년대 초, 로버트 레버링(Robert Levering) 박사의 GPTW(Great Place To Work) 이론이 큰 반향을 일으킨 적이 있다.

레버링 박사는 아래와 같이 명확하게 방향을 제시했다.

"기업들이 고객, 거래처 등 외부적인 가치보다 종업원과 기업 문화라는 내부적인 가치를 중시하는 시대가 열리고 있다.

'훌륭한 일터'가 되기 위해서는 조직 내에서 상사와 신뢰 관계를 맺고, 자신의 업무에 대해 자부심을 가지며, 동료들과 함께 일하는 즐거움을 느껴야 한다."

27년 동안 기업 컨설팅과 코칭 업무를 해오면서 내 안에 경험적으로 만들어진 훌륭한 일터의 기준은 레버링 박사의 기준과 같다.

속내를 모두 털어놓을 충우를 곁에 두어라

얼마 전 W사 경영 코칭을 맡게 되어 임원들을 인터뷰할 기회가 있었다. W사 경영 코칭은 '조직에서 진정 행복한 사람은 누구인가?'에 대한 생각을 하게 된 계기가 되었다.

W사의 유 대표는 직원의 성장과 회사의 발전을 위해 대표가 어떤 노력을 하면 좋을지 임원들의 의견을 듣고 싶어 했다. 나는 이것을 주제로 임원들과 심도 있는 대화를 나누었다.

어떤 임원은 유 대표가 자신의 롤 모델이라면서 그가

하는 모든 일에 만족하기 때문에 더 이상 노력할 게 뭐가 있는지 전혀 모르겠다고 했다.

유 대표는 자신이 미처 보지 못하는 것을 직원들이 보고 이야기해주길 바랐다. 그만큼 자신의 성장과 기업의 발전에 대한 열망이 대단했다.

그런데 '현재에 만족하니 개선점을 찾을 게 없다'는 말을 임원들에게 들으니 유 대표의 마음이 어땠을까? 유 대표는 완벽하게 경영하고 있다고 안도하며 행복한 마음이 들었을까?

'대표님은 나의 롤 모델이자 조직에 완벽한 리더십을 행하고 있다'고 만족해하는 임원은 행복한지 몰라도 유 대표는 그다지 행복해 보이지 않았다. 아니, 적잖이 실망했다.

물론 함께 일하는 임원들이 리더에게 높은 신뢰를 가지고 있으니 긍정적인 상황이라고 할 수 있다.

하지만 리더는 성장하고 발전하기 위해 객관적인 요소를 파악하고 싶어 하는데, 임원들은 그에 대해 도움을 줄 것이 없다는 사실은 지금 여기에 안주하는 것이 좋을 뿐

더 성장하고 싶은 욕구는 임원들에게 없다는 의미이기도 하다.

훌륭한 제왕은 유능한 부하가 만든다

세상에 완벽한 사람은 없다. 아무리 주변에서 완벽하다고 칭찬해주어도 퇴보하지 않으려면 성장의 노력을 부단히 해야 하는 것이 리더다.

"훌륭한 제왕은 유능한 부하가 만든다"는 말이 있다. 함께 발전하는 조직이 되기 위해서는 조직 구성원 스스로 때로는 충복(忠僕)이 아닌 충우(忠友)가 될 필요가 있다. 리더를 객관적으로 보고 필요한 조언을 해줄 줄도 알아야 한다.

리더에게 적절한 피드백을 한 후에는 조직의 가치와 비전과 연결하여 실질적인 성장을 이룰 수 있도록 협조해야 한다.

조직 구성원들이 자신을 '누군가의 부하'로 생각하게 해서는 안 된다. 시야를 넓게 가져야 한다.

리더와 조직 구성원들이 함께 파트너십을 갖는다는 생각을 하는 것이 중요하다. 그래야 서로에게 도움이 되는 피드백을 할 수 있다.

리더를 따르는 자에게 팔로워십만 필요한 것이 아니다. 때로는 파트너십도 필요하다.

조직 내에 분포한 크고 작은 리더들을 한 사람의 개인으로만 보지 마라. 전체 조직이라는 밑그림 위에 그들을 세워놓고 미래를 그려라. 그렇게 할 때 외부인의 객관적인 시각으로 리더를 볼 수 있다.

조직 내에서 행복을 찾기 원한다면, 서로 건강한 피드백을 나눌 수 있도록 상호 간에 관계성이 좋은 분위기를 만드는 데 우선순위를 두어야 한다.

조직에서는 리더십과 팔로워십뿐만 아니라 파트너십 또한 중요한 요소라는 것을 잊지 말자.

당신의 조직은 리더십, 팔로워십, 파트너십 중
어느 것에 강한가?
세 가지 모두 두루 키우려면 어떻게 해야 할까?

신뢰를 보내면 이익으로 돌아온다.

확실한 신뢰를 보내는 것이

상대가 무능하거나

성실하지 못하다고 하는 것보다

지혜롭다.

_ 워렌 베니스(Warren Bennis)

INSIGHT
3

성장하는 팀의 조건

리더의 기분으로 성과를 좌우하지 마라

"리더는 조직에서 함께 일하는 사람들의 참여도에 대해 강도를 조절할 수 있는 스위치를 손에 쥐고 있다.

이는 마치 영화감독이 되는 것과 같다. 감독이 처음에 할 일은 배우들과 작품이 하나로 어우러질 수 있도록 분위기를 조성하는 것이다."

미국의 영화감독 윌리엄 프리드킨(William Friedkin)의 말이다.

리더의 긍정적인 분위기 형성은 조직의 혈액순환을 잘 시키는 것과 같다. 리더가 좋은 기분을 갖고 일할수록 구성원들이 훨씬 더 낙관적이 되고 활기차며 열정적으로 일하고 성과가 좋다는 것은 이미 여러 연구 결과에서 나타났다.

스타벅스의 경우 리더가 구성원들에게 긍정적인 환경을 조성하는 것에 큰 가치를 두고 있다. 이러한 노력들이 직원들을 즐겁게 하고 그 영향으로 고객이 재방문하는 비율을 높이는 데 기여하고 있다.

대니얼 골먼은 기업의 재무 결과 중 최대 30%(매출, 수익 증가, 효율성)가 조직의 분위기에 따라 결정된다고 말한다. 그리고 구성원들이 조직의 분위기를 인식하는 방법의 약 50~70%가 리더의 행동에서 기인한다고 했다.

직장에서의 스트레스로 인해 문제가 되는 경우가 점점 더 많아지고 있고 이로 인해 실제 치료를 받은 이들도 많다. 신뢰받는 리더가 되기 위해서 리더는 자신의 기분으로 성과가 좌우되지 않도록 노력해야 한다.

비록 현재 문제가 되어 있는 것으로 인해 낙담이 된 상태라도 함께 일하는 구성원들을 존중하며 희망을 갖는 것이 필요하다. 리더들은 희망의 전도사가 되어야 하기 때문이다.

리더는 참여도에 대한 강도를

조절할 수 있는 스위치를 손에 쥐고 있다.

적극적인 조직이 될 것인가,

소극적인 조직이 될 것인가,

리더의 손에 달렸다.

HOW GREAT LEADERS
MOVE PEOPLE'S MIND

• 1 •

리더는 후배 직원과 아이디어를 겨루는 상대가 아니다

세대 차이가 나는 상사와 직원은 경쟁 상대가 아니다. 젊은 아이디어와 노련한 실행력으로 서로 보완하고 이끌어야 하는 관계다.

그런데 이 관계 설정을 잘하지 못해 애를 먹는 중간관리자급 리더들이 참 많다.

어떻게 서로가 성장하며 보완하는 관계 설정을 할 수 있을까?

이 협력 관계의 바탕에는 명확한 피드백이 있다.

후배 직원들 앞에서 자존심 상해 위축되는 리더

얼마 전, 20년째 한 회사에 근무중인 K사의 정 부장을 만났다. 오랜만에 만난 그는 요즘 좌불안석이었다. 자신의 자리를 지탱하는 것조차 힘들어서 출근하는 것이 괴롭기만 하단다.

자신이 없어서 직원들과 솔직한 대화를 못하고 있다는 것이다. 정 부장은 일류 대학을 나와 좋은 성적으로 입사하여 불과 5년 전까지만 해도 별일 없이 직장생활을 했다. 그런데 갑자기 몰아치는 변화에 그는 어찌할 바를 몰랐다.

최근 느낀 가장 큰 변화는 후배 직원들의 목소리가 높아졌다는 것이다. 정 부장이 보기에도 후배 직원들이 당당할 만했다.

회의 때 그들이 내놓는 아이디어를 보면 자신은 생각지도 못한 것들이 수두룩했다. 브레인스토밍에 익숙한 젊은 후배 직원들은 한 사람이 의견을 내면 서로 앞다투어 더 좋은 아이디어를 쏟아냈다.

그러다 보니 자신은 점점 위축되고, 그런 모습을 감추자니 직원들과 더 말을 하지 않게 된 것이다.

그는 후배 직원들이 정리하여 가져온 몇 가지 사안에 대해 최종 결정해서 진행하도록 도와주어야 하는데, 솔직히 무엇이 더 나은지 명확하게 알 수가 없었다. 그래서 애매모호한 말로 얼버무리게 되는 것이다.

담당자는 정확히 피드백을 달라고 하지만, 정 부장은 그 정도는 알아서 하라는 식으로 대한다. 아이디어를 못 내는 것이 부끄럽고 자존심 상해서 직원들 앞에서 더 고압적인 모습으로 행동하고, 뒤돌아서면 그런 자신이 점점 더 초라해지는 것이다.

요즘 기업 내에서 심심찮게 볼 수 있는 상황이다. 그러나 한번 생각해보자. 지식으로 모든 일을 다 해결할 수 있을까?

지식과 지혜는 다름을 명심하라

지식과 지혜는 엄연히 다르다. 삶의 경험을 통해 얻은 연륜은 무엇으로도 바꿀 수 없는 가치가 있다. 20년 동안 다양한 사람들을 겪고 회사에서 일어나는 갖가지 상황을 통해 체득한 지혜는 단순히 지식만으로는 알 수 없다.

젊은 직원들은 아이디어는 잘 내지만 실행력이 약하다. 아무리 좋은 아이디어라도 실행할 수 없으면 소용이 없다. 이럴 때 연륜 있고 노련한 상사가 정확한 근거를 제시하며 방향 설정에 도움을 주면 아이디어가 수월하게 구체화될 수 있을 것이다. 즉 상사는 직원들이 낸 아이디어를 실행할 수 있도록 도와주면 서로 윈-윈 할 수 있다.

이 장면에서 중요하게 짚고 넘어갈 것이 있다. 아무리 좋은 경험을 했더라도 상사가 일방적으로 '하라!' 하고 명령을 하면 좋은 성과를 낼 수 없다.

관계 설정을 잘하지 못하는 중간관리자급 리더들은 이 부분에서 많이 실수를 한다. 본인이 명확한 답을 내주어야 한다고 생각하는 것이다.

이런 생각을 가지면, 자신과 생각이 다를 경우 어떻게든 자신이 생각하는 방향으로 후배 직원이 실행하도록 고압적이 될 확률이 높고, 자신이 잘 모르는데도 불구하고 명확한 답을 내려다 보면 후배 직원이 도무지 납득할 수 없는 주장까지도 하게 되기도 한다. 그러면 신뢰는 깨진다. 물론 좋은 관계도 맺지 못한다.

바르게 피드백하는 방법을 배워라

서로 다른 사고방식을 가진 사람들끼리 바른 협력 관계를 가지려면 올바르게 피드백하는 방법을 터득해야 한다.

상사는 아이디어를 갖고 있는 부하 직원에게 어떻게 실용화할 수 있는지 생각을 먼저 물어보아야 한다. 자신의 경험도 참고할 수 있을 정도로 자연스럽게 말한다. 그렇게 하여 최종 진행 방법은 서로 편안하게 합의하여 도출한 것으로 결정해야 한다. 이렇게 해야만 서로 신뢰가 생긴다.

상사는 후배 직원과 아이디어를 겨루는 상대가 아니다. 한창 아이디어가 풍부한 직원들의 능력을 최대한 살려서 회사에 도움이 되도록 리더십으로 이끌어야 한다.

무엇이 옳고 무엇이 잘못된 것이며, 잘못된 방법은 어떻게 해결하는지 알려주어야 한다. 또한 자신이 도움을 줄 수 있는 범위와 후배 직원이 스스로 책임져야 하는 범위를 명확히 해두어야 한다.

만약 피드백 과정에서 실수를 하더라도 자연스럽게 인정하는 자신감을 가지도록 하자. 이렇게 해야만 서로 신뢰하며 성장할 수 있는 진정한 관계를 만들 수 있다.

리더는 답을 내주는 사람이 아니다.

답을 내도록 이끄는 사람이다.

• 2 •

신뢰한다면 권한을 위임하라, 권한을 위임했다면 신뢰하라

일을 맡겼으면 완전히 신뢰하고 모든 권한을 위임해야 한다. 일할 사람이 없다고 푸념하기 전에 직원을 진심으로 인정하고 있는지 되돌아보라.

"이런 일도 제대로 못하는 건가? 이거 당신 전문 분야 아니었어? 대강 넘길 생각하지 말고 머리를 좀 써!"

보고를 끝내고 돌아오는 길에 뒤로 들리는 강 이사의 말 한마디에 홍보팀장은 또다시 좌절했다.

강 이사와 문 팀장의 골이 깊어지기 시작한 것은, 강 이사가 홍보를 포함한 기획 분야를 총괄한 뒤부터였다.

자신의 스타일에 어긋나는 것은 도무지 참을 줄 모르는 강 이사는 홍보마케팅 업무를 해본 적이 없었지만, 최대한 문 팀장의 재능을 인정하고 지원하고자 했다.

문 팀장도 강 이사와 함께하면서 그동안 쌓은 실력을 발휘하기 위해 애썼다. 문 팀장은 타 업체에서 7년 이상 홍보와 기획 분야에서 일한 인재로, 함께 일한 리더들은 빠른 이해력과 어떤 것이든 상품으로 연결시키는 표현력 등 탁월한 재주를 높이 평가하고 있었다. 강 이사는 그 리더들의 평가에 문 팀장을 한층 더 신뢰했다.

그렇게 한 팀에서 일하게 된 강 이사와 문 팀장은 처음에는 잘해나가는 듯했다. 그러나 시간이 지나자 작은 일에도 티격태격하기 시작했다.

후배 직원은 혼나야 하는 아이가 아니다

강 이사는 매번 보고서를 검토할 때마다 문장을 고치면서 '이런 것도 혼자 못하면서 전 직장에서 어떻게 인재라는 소리를 들었을까?'라는 생각이 들었다.

또 자신은 다른 일들까지 챙기느라 업무 과부하인데, 부하 직원인 문 팀장은 자기 일만 하는 것 같았다. '일도 많고 사람도 많지만, 일할 사람이 없다'는 생각과 함께 문 팀장에 대한 불신은 최고조에 이르게 되었다.

문 팀장도 힘들었다. 홍보자료를 검토해달라고 하면 강 이사는 거시적인 부분들은 다 제쳐놓고 사소한 문구와 단어에 신경을 쓰며 "왜 이런 단어를 쓰는 거지? 난 이런 문구들이 싫은데" 하고 불평을 했다.

문 팀장은 잘못을 하고 엄마 앞에 서 있는 어린아이로 되돌아간 느낌이었다. 그는 자신이 조금씩 위축되는 것을 느꼈지만, 조직 생활을 하면서 상사의 스타일을 무시할 수는 없었다.

문 팀장은 갈등을 줄이기 위해 나름대로 대안을 마련했다. 우선은 강 이사와 대화를 시도해보았다.

"이사님, 요즘 저에 대해서 불만이 많으신 것 같습니다."

"만족스럽지는 않지요."

뼈 있는 한마디가 돌아왔다.

"사실 저도 이사님께서 제게 불만이 있는 것 같아 마음이 편치 않습니다. 칭찬해주실 때도 곧이곧대로 들리지 않고……."

"내가 문 팀장을 칭찬한 적이 있나? 그런 기억 없는데?"

어이없지만 사실 그랬다. 강 이사가 코칭을 배우면서부터 다른 팀장과 팀원에겐 후했던 칭찬과 인정이 유독 문 팀장에게만은 인색했다.

최근 들어서는 "수고했다" 정도로 그칠 뿐 진정으로 인정하고 격려한 적은 거의 없었다. 그래도 그런 이야기를 직접 듣고 보니 문 팀장은 서운했다.

"네, 그런 것 같네요. 아무튼 죄송합니다. 이사님 일도 바쁘신 것 같아 제가 할 수 있는 일들은 해보려고 했는데 잘 안 되어서 지난번 제안서도 이사님께 검토해주십사 부탁한 겁니다."

"아, 그것도 한 번 말하고 싶었는데요. 문 팀장이 뭔가 크게 착각하는 것 같아요.

우리 회사는 말이야, 나든 누구든 그렇지만, 문 팀장 혼자 결정하고 진행할 수 있는 일은 아무것도 없어요."

"……"

문 팀장은 할 말을 잃고 말았다. 물론 대외적인 일들에 대해서는 그렇지만, 사소한 문건 하나까지도 처리할 만큼 신뢰를 받지 못하고 있다는 생각이 들었다.

칭찬을 받지 못하는 것은 기분은 나쁘지만 좀 더 노력하면 된다고 생각했다. 그러나 팀장 권한도 행사할 수 없다면, 어떤 일을 어떻게 진행하라는 말인가?

문 팀장은 '그동안 직장생활 한 것이 모두 엉터리였나' 하는 회의감까지 밀려들었다. 결국 모든 이야기를 종합해 보면, "아무리 바빠도 나는 당신에게 일을 맡길 수 없다"는 것이었다.

믿지 못하는 리더 밑에서 성장할 수 있는 사람은 단 한 명도 없다

자리로 돌아와 책상을 정리하며 문 팀장은 어디부터 어긋난 것일까 생각해보았다. 처음 강 이사와 부딪칠 때는 좋은 훈련의 계기라고 생각했다.

전 직장에서는 윗상사만 확인해주면 그대로 진행되던 일을, 전체 임원과 그 일에 관계된 외부 사람들에게까지 피드백을 받는 모습이 개방적으로 보였다. 그리고 자신이 약한 교정 부분에 불평 없이 꼼꼼히 체크해주는 강 이사가 대단해 보이기까지 했다.

그러나 시간이 지나 이런 과정들이 계속되자 마감기한을 넘기게 만들었고, 늦어진 일정 때문에 사장과 고객에게 추궁을 당하는 것은 문 팀장 자신이었다.

게다가 강 이사는 여러 의견을 듣고 결정하겠노라며 전체 임원과 외부 사람들에게까지 피드백을 요청했지만, 결국 피드백을 종합해보면 각자 책임감 없이 주관적인 생각을 늘어놓는 것에 불과해 결과에 긍정적인 영향을 미치지도 못했다.

사공이 많아 매번 배가 산으로 가는 형상이 반복되니 결정은 결정대로 늦어지고 결과는 결과대로 좋지도 못했다. 건의도 해봤지만 매번 비슷한 상황이 전개되었다.

'직장생활 10년차가 넘어가는 지금, 이런 걸 하려고 내

가 여기에 들어온 건가. 강점이라고 생각하던 기획력도 이렇게 형편없는 것으로 취급받는구나.'

결국 문 팀장은 자신을 인정하고, 권한을 위임하고도 의심치 않았던 이전 회사로 돌아가기로 마음먹었다.

관찰자가 되지 말고
권한을 위임하는 리더가 돼라

강 이사와 문 팀장의 문제는 단순히 보고 체계나 커뮤니케이션의 문제만은 아니다. 이것은 우리 조직 내에 만연한 신뢰와 권한 위임에 대한 문제다.

리더들은 대부분 "나는 조직원을 신뢰하고 인정하고 있다"는 말을 자주 한다. 그러나 상대방이 느낄 수 없는 신뢰와 인정이라면 그것은 말뿐인 신뢰요, 껍질뿐인 인정이다.

그래서 "나는 직원들을 신뢰하고 인정하고 있다. 그러나 그들은 왜 최선을 다해 일하지 않는지 모르겠다"는 뼈아픈 고백을 하게 되는 것이다. 이런 식으로 직원을 험담

하는 리더는 자신의 얼굴에 동시에 먹칠을 하고 있다는 것을 잊어서는 안 된다.

신뢰와 권한 위임은 함께 묶여 있다. 권한을 위임했다면 철저하게 신뢰해야 한다. 신뢰한다면 권한을 과감하게 위임해야 한다. 둘 중 어느 것도 분명하게 하지 못하면서 덮어두고 아랫사람 탓을 해서는 안 된다.

신뢰란 상대방이 일을 잘한다고 저절로 생기는 것이 아니다. 상대방의 입장에서 이해하고 배려하며, 참고 기다리는 가운데 '그 사람은 믿을 수 있다'고 인정할 때 신뢰가 생긴다. 그런 신뢰가 있어야만, 단순히 관찰자가 아닌 권한을 위임하는 리더가 된다.

당신은 어느 정도 권한을 위임하고 있는가?

권한을 위임한 만큼 신뢰하고 있는가?

3

기업 구심점은 중간관리자다

미시간대학의 프리실라 로저스(Priscilla S. Rogers) 교수는 5~10년차 중간관리자들의 소통이 기업의 중추라고 강조한다. 그들의 역할은 인간의 핵심 장기와도 같은데, 조직 내부에서는 그들의 가치를 인정받고 있지 못하는 것이 큰 문제라고 지적한다.

작은 규모에서 시작해 덩치를 키워가는 회사일수록 중간관리자 육성에 고민이 깊다. 회사 초기에는 직원들과 바로 대화하면서 문제를 해결할 수 있다.

회사 규모가 커지면 실무자들에게 직접 이야기할 수가

없어서 중간관리자가 역할을 잘해줘야 한다.

그런데 중간관리자 역할을 맡은 사람은 자기 업무에 바쁘다는 이유로 후배 직원들과 소통이 원만하지 않고, 상사들과도 소통이 잘되지 않는 경우들이 적지 않다.

혼자서는 성공할 수 없다

코칭을 의뢰하는 기업들의 사정은 다양하다. 성장 속도에 비해 조직 시스템이 갖춰져 있지 않아서 전문 코치를 요청하는 기업, 경제 불황에 문을 닫아야 할 상황에 이르러서야 돌파구를 찾고자 하는 기업, 핵심인재 관리와 시대에 발맞춘 리더십을 의뢰하려는 기업, 직원 인성교육을 원하는 기업 등 코칭에 관심을 갖고 의뢰를 하는 이유도 가지각색이다.

중요한 것은, 성공하는 리더십 뒤에는 리더와 조직원의 잠재 능력을 발휘할 수 있도록 돕는 코칭 스탭 역할을 하는 중간관리자가 있다는 것이다.

훌륭한 CEO 한 사람의 머리에 의지하거나, 핵심 인재 몇 사람에 기대어 사업 방향을 설정한다면 결코 성공할 수 없다. 분명한 비전을 세우고 방향 설정을 명확하게 잡은 리더라면 자신이 맡고 있는 기업의 조직 구성원들부터 파악해야 한다.

다른 성공 기업의 방법을 무조건 따라 하기보다는 자기 조직의 특성에 맞는 전략을 구사해나갈 줄 알아야 한다는 뜻이다.

그 일을 리더 혼자서 할 수는 없다.

혜성 같이 등장하는 스타 뒤에는 명코치가 있다

'야구의 신'이라고 불리는 김성근 감독은 리더십에 대해서 이렇게 말했다.

"선수와 감독은 물과 배의 관계다. 리더의 출발점은 바로 신뢰이며, 이것을 바탕으로 선수들에게 목표를 심어

협력은 성공을 위한 담보다.

팀 협력을 중시하지 않는 기업은

성공할 수 없다.

_ 빌 게이츠(William H. Gates)

주고, 방향을 제시해주는 것이 리더의 사명이다."

"1%의 가능성을 믿어라. 진정한 리더십은 선수들의 숨겨진 1%의 가능성을 믿으며, 무한한 잠재력을 이끌어내는 능력이다."

그가 '희대의 명장'이 될 수 있었던 것은 그의 옆에서 감독의 전략을 이해하고 돕는 코칭 스탭들과 선수들이 있었기 때문이다. 평소에 선수들의 장단점을 면밀히 관찰해온 코칭 스탭은 선수들이 경기를 수월하게 뛸 수 있도록 도움으로써 감독의 리더십은 물론이고 선수들의 잠재력 또한 120% 이상 발휘되도록 만드는 중요한 역할을 한다.

운동 경기에서 평소에는 빛을 못 보던 무명 선수가 결정적인 순간에 '한 건'을 해내서 주목을 받게 되는 경우를 본다.

마치 우연처럼 보이는 그 결정적인 '한 건'은, 사실 그의 장점이 무엇인지를 눈여겨 관찰함으로써 가장 중요한 순간에 결정적인 역할을 하도록 도운 코칭 스탭이 있어서 가능한 일이다.

기업 경영도 이와 마찬가지다. 직원들을 잘 관찰하여 그의 장점이 무엇인가를 정확히 파악하고, 정말 필요한 순간에 현장에 투입될 수 있도록 돕는 사람이 바로 코칭 스탭 역할을 하는 중간관리자다.

시너지를 극대화하고 싶다면
중간관리자 육성에 집중하라

"어떤 리더가 훌륭한 리더라고 생각하는가?"

기업체 강연에서 질문을 던졌더니 여러 가지 답변이 나왔다. 그중에서도 가장 인상 깊었던 대답은 아래와 같다.

"우리 리더는 건강이 좋지 않아서 하루에 2시간 이상 근무하기 어려운 분입니다. 그런데 성과는 아주 좋습니다. 그 이유는 본인이 직접 일하는 시간보다 훨씬 많은 시간을 직원들을 관찰하는 데 사용하기 때문입니다.

그러다 보니까 그 사람이 가장 잘해낼 수 있는 일을 적절히 분배해줍니다. 그 일은 그가 가장 잘해서 분명히 성과를 낼 것을 알기 때문이죠. 그래서 누구도 리더에게 불평을 하지 않습니다.

진정한 리더는 직원들이 자신 있게 해낼 수 있는 일을 찾아서 성취감을 느끼도록 하는 사람이라고 생각합니다."

바로 이런 사람이 코치의 역할을 잘 수행하는 리더라고 할 수 있다.

소수 인원으로 성과를 낼 수밖에 없는 상황에 처한 회사도 있을 것이다. 어떻게 성과를 낼 것인가? 자신의 탁월한 능력을 자랑하는 한 사람보다 직원들 간에 시너지 효과를 일으키는 리더십이 더 큰 성과를 낸다는 점을 명심하고 중간관리자를 육성하는 데 집중하라.

중간관리자를 키우는 4가지 방법

어떻게 중간관리자들을 키워서 조직의 성장에 도움이

되게 할 수 있을까?

중간관리자에게 일을 맡길 때는 아래의 과정을 따르면 좋다.

1. 일의 의미와 전체 구조를 설명해준다.
2. 목표하는 바가 무엇인지 어떤 방식으로 일을 할 수 있는지에 대해 의견 조율을 한다.
3. 일을 마무리할 수 있는 총기간과 진행하는 동안 중간에 피드백 하는 시점도 정한다.
4. 눈높이를 중간관리자에게 맞춰서 대화해야 한다.
5. 마지막으로 큰 덩어리로 맡기지 말고 보다 잘게 나눠서 진행하도록 이끈다.

이런 식으로 진행하면 중간관리자들이 자신감을 갖고 일할 수 있게 돼 회사의 중심인력은 자연스럽게 잘 세워질 것이다.

중간관리자의 커뮤니케이션 고충을 없애기 위해

당신은 무엇을 하고 있는가?

• 4 •

신뢰가 쌓였을 때 비로소 바른말을 해줄 수 있다

미국의 경영 컨설턴트 로버트 레버링 박사는 일하기에 좋은 기업의 3요소로 '신뢰, 자부심, 재미' 3가지를 꼽았다. 그리고 이 3요소 중에서도 가장 기본이 되는 것은 신뢰라고 했다. 신뢰가 구축된 후에야 자부심과 재미를 진심으로 나눌 수 있기 때문이다.

신뢰는 어떤 상황 속에서도 숨김없이 있는 그대로 표현할 수 있을 때 쌓인다. 지금 당신의 조직은 어떠한가? 설사 근본적인 문제가 리더에게 있더라도 직원들은 솔직하게 표현하지 못하지는 않은가?

일반적으로 아부는 아부인 줄 알면서도 듣기에 좋으니 하고, 충고나 이의는 아무리 바른말이라도 듣기에 아프기 때문에 하지 않는 것이 좋다고 한다.

이것은 아프지만 바른말을 할 수 있을 정도로 신뢰하지 않기 때문이라고 볼 수 있다. 내가 정말 사랑하는 사람이 잘못된 행동을 하는데 그냥 보고 있을 사람이 있을까?

직언을 한 직원 덕분에 수십억 원을 아낀 회사

직원들이 솔직한 마음을 드러내지 않고 듣기 좋은 말만 하기를 일삼으면, 리더가 잘못된 판단을 하고 행동할 확률이 높아짐은 자명하다.

경영 코칭을 하면서 만났던 P사는 직원들이 속내를 털어놓은 덕분에 수십억 원을 아껴 건설적인 일에 쓸 수 있었다.

P사는 매출액이 70억 원이고 35명의 직원들이 일하는

회사다. P사의 한 대표는 더 넓고 쾌적한 새로운 둥지로 이전하고 싶어했다. 상황이 어려워져 건물을 매각하거나 회사를 정리하는 경우도 빈번한 때에, 사세를 확장한 덕분에 이전할 수 있겠다는 생각에 P사 한 대표는 매우 들떠 있었다.

그런데 직원들의 반응은 그와 정반대였다. 회사가 성장해가고 있긴 하지만 기술력 면에서 아직도 경쟁 상대들이 많아 견제해야 하고, 단일 품목만 가지고는 성장에 한계가 있다는 생각이 지배적이었다.

직원들은 회사가 번듯한 모양새를 갖추는 것도 좋지만 현실적으로 정말 투자해야 할 곳은 따로 있다고 생각했다.

그런데 한 대표는 사무실 이전에 모든 신경을 다 쏟으며 열중하고 있으니 아무도 차마 말하지 못하고 자기들끼리 불평불만을 털어놓고 있었던 것이다.

직원들의 생각은 매우 바람직했다. 그런데 문제는 아무도 한 대표에게 속내를 말하지 못하고 불평불만만 일삼았다는 것이다.

표현되지 않는 진심을 어떻게 드러낼 것인가

자존감이 높은 사람은 일상생활 속에서도 자신이 어떤 사람인지 그대로 보여주고 또 상대방이 말하는 것에 대해서도 잘 받아들인다. 자기의 약점을 감추기 위해 시간을 보내는 것은 진정 중요한 일을 하지 못하게 하는 요소임을 알기 때문에 어리석은 우를 범하지 않는다.

P사의 문제는 신뢰의 부족에서 비롯된 것이라고 할 수 있다. 그로 인한 손실은 얼마나 될까? 사무실과 회의실을 꾸미는 문제는 단지 겉으로 드러난 하나의 현상일 뿐이다. 정말 큰 손실은 표현되지 않은 채 수면 아래 숨겨져 드러나지 않는 것들에 있다.

회사의 미래를 진심으로 걱정하고 더 나은 해결을 위해서 한 대표에게 정직한 제안을 할 수 있는 사람이 단 한 사람만 있어도 지속적인 발전을 꿈꿀 수 있을 것이다.

사람은 누구에게나 자기보호 본능이 있다. 직원들이 회사의 대표에게 직언을 한다는 게 결코 쉬운 일은 아니다.

그러나 쉽지 않지만 반드시 필요한 일이다.

회사에서는 리더들이 어떤 일을 진행하기 전에 먼저 직원들과 사전 미팅을 가지고 그들과 공유하는 것을 우선순위로 해야 한다.

리더가 잘못 결정한 일이 있을 때, 자신의 실수나 잘못을 인정하며 솔직하게 말할 수 있어야 한다. 이미 지난 일이라 할지라도 잘못된 것을 인정하고 차후에 반복되지 않도록 이끌어가는 것이 리더가 해야 할 일이다.

작은 일부터 자신을 드러내어 놓는 연습을 한다면 진정한 신뢰가 쌓이는 기업이 될 것이다.

자기보호 본능을 이기는 대화법

앞서 말했듯, 자기보호는 인간이 가진 본능이다. 자신도 모르게 스스로를 보호하려는 것이 자연스럽다는 말이다. 그렇다면 우리는 가만히 내버려 두면 자연스럽게 그렇게 되고 마는 일을 그렇게 되지 않도록 중간에서 유도해야

사람들이 진심으로 서로 신뢰할 때

속도가 생긴다.

_ 에드워드 마셜(Edward Marshall)

한다. 이때 억지스럽거나 부자연스러워서는 안 된다.

어떻게 다른 사람들이 속내를 드러내도록 고무시킬 수 있을까? 대화에서 답을 찾아보자.

먼저 상대가 희망을 느낄 수 있도록 부정적인 표현을 자제하라. 대화 중에 용기를 주는 말을 한 가지라도 꼭 넣어 이야기를 하면서 상대방이 위협을 느껴 껍질 속으로 숨지 않도록 만들어라.

그런 다음 성장을 위해 준비할 것이 무엇인지 구체적으로 조언해주어라. 상대방이 지닌 가치를 마음을 다해 인정하고 아낌없이 표현을 해주어라. 그러면 숨으려던 마음이 조금씩 조금씩 열리며 자연스럽게 상대방의 진짜 마음을 알 수 있게 될 것이다.

인간이 가진 자기보호 본능을
자연스럽게 깨뜨리는 리더십이 필요하다.

5

진정성을 전하고 싶다면 우월 의식부터 버려라

"나는 진심으로 대하는데 아랫사람들이 마음의 문을 열지 않는다."

이러한 고충을 털어놓는 리더들을 정말 많이 만난다. 그런 리더들을 만나면 나는 질문을 우선 던진다.

"부지불식간에 직원들을 다른 조직의 사람들과 비교하고 있지는 않은가요?"

"직원들에게 말로는 '믿는다' '당신이 최고다' 하면서도 내심 불신하며 하대하고 있지는 않은가요?"

아랫사람들이 그다지 기뻐하지도 않고, 진심으로 대화

하지도 않으며, 감사의 표현을 하지 않는다면 자신도 모르게 부하 직원이 싫어하는 행동을 하지는 않았는지 돌아보아야 한다.

문제의 원인을 모두 아래로 돌리고 있지 않은가?

리더의 자리에 있다 보면 직원들이 무엇을 원하고 무엇을 싫어하는지 잘 모를 때가 있다. 그들의 마음을 살펴야 자발적으로 움직이는 조직이 되고 더 좋은 성과를 낼 수 있는데도 말이다.

여러 회사를 코칭하며 나는 직원들이 리더에게 원하는 것과 원하지 않는 것을 깨달을 수 있었다.

직원들이 리더에게 원하는 것은 '첫째 솔선수범, 둘째 명확한 상벌 원칙, 셋째 확실한 방향 제시'였다.

반면에 직원들이 원하지 않는 것은 많은 사람 앞에서 꾸중을 듣는 것과 잘못을 반복적으로 지적하고 언급하는 것이다. 다른 사람 앞에서 야단을 맞다 보면 자존심이 너무 상해서 더 이상 자신의 의견을 소신껏 말하지 않게 된다. 윗사람이 시키는 일만 하면 편한데 내가 왜 먼저 일해서 혼나느냐는 것이다.

지혜로운 리더는 절대로 남이 보는 앞에서 큰소리로 상대방 잘못을 노출하지 않는다. 칭찬은 많은 사람 앞에서, 질책은 반드시 단둘이 있을 때 해야 한다. 무엇을 잘못했는지 분명한 이유와 그에 대한 해결책을 제시하며 한 번의 기회를 더 주고 기대 사항을 확실히 표현한다.

진정성이 없는 구호로는 아무것도 바뀌지 않는다

대기업에서 근무하다가 50세가 되던 해에 재산을 모두 쏟아붓다시피 협력업체를 인수한 D사의 진 사장은 직원들이 마음의 문을 열지 않는다며 고충이 이만저만이 아니었다.

보스는 가라고 말하지만

리더는 가자고 말한다.

_ 더글라스 맥아더(Douglas MacArthur)

진 사장은 문화 충격으로 두려움을 느낄 정도였다. 대기업에서 근무할 때는 잘 느끼지 못했던 것들이 새로운 회사에서는 심각한 문제로 다가왔다. 사내 직원들의 언어와 행동, 무엇 하나 진 사장의 마음에 드는 것이 없었다.

직원들끼리 툭하면 싸움질을 하고 마음에 안 들면 고래고래 소리 지르다 나가버리기 일쑤였다. 어떻게 감당해야 할지 암담하기만 했다.

상황은 점점 최악으로 치달았다. 선배 직원들은 신입 직원들이 따라주지 않는다며 점점 더 거칠게 대했고, 신입 직원들은 회사에 마음을 붙이지 못하고 계속 겉돌았다. 결국 직원들 사이에 신뢰가 무너져버렸다.

그 결과 불량품이 속출했고 고객 불만이 이어져 회사 경영에 빨간불이 들어오기에 이르렀다.

진 사장은 대기업에서 보고 배웠던 것을 적용하려고 애썼다. 회사 입구에 "나는 최고다! 우리 회사는 최고다!"라는 현수막을 제작해 걸기도 하고, 기회가 될 때마다 "저는 여러분과 함께 최고의 회사를 만들어가고 싶습니다. 여러분은 한 사람 한 사람 다 소중한 사람들입니다. 자신감을 가지세요. 저는 이 회사에 모든 것을 걸었습니다"라고 호소해보기도 했다.

하지만 직원들은 마음의 문을 쉽게 열지 않았다. 무엇보다 진 사장을 힘들게 한 것은 사내 2인자로 통하는 박 이사가 시종일관 냉소적인 반응을 보이는 것이었다.

'믿는다' '최고다' 말하면서 속으로는 다른 생각을 하지 않는가?

진 사장도 점차 자신감을 잃고 지쳐갔다. 진 사장이 더 이상 스스로 용기를 북돋을 수 없는 상황에 이르렀을 때, 나는 그를 코칭했다.

코칭 진단 결과를 본 진 사장은 소스라치게 놀랐다. 가장 심각한 문제로 지적된 것이 다름 아닌 "직원들이 최고 경영자로부터 신뢰를 받지 못하고 있다고 느끼고 있음"이었기 때문이다.

그때까지 진 사장은 문제의 원인은 직원들에게 있다고

만 생각해왔다. 겉으로는 직원들을 믿는다고 했지만 속으로는 직원들의 수준이 낮아서라고 생각했다.

진 사장은 내심 수준 미달의 직원들을 아끼고 배려해왔다고 믿고 있었던 것이다. 그리고 그러한 마음가짐은 여실히 직원들에게로 전해졌다. 아무리 숨기려고 해도 진심은 반드시 전해진다.

코칭을 받으면서 진 사장은 직원들이 왜 냉소적인 태도를 보였는지 비로소 알게 되었다. 진 사장에게서 은연중에 자신들을 무시하는 듯한 모습을 발견하자 직원들은 심한 거부감이 일었던 것이다. 직원들은 늘 대기업 직원들과 비교당하는 기분이었고 진 사장이 말을 제대로 알아듣지 못한다며 화를 낼 때마다 무시당하는 기분이었다고 털어놓았다.

진 사장이 직원들과 함께 최고의 회사를 만들고 싶다고 한 포부는 진심이었다. 그래서 직원들이 최고가 되어주길 바랐다. 그런데 자기도 모르는 사이에 직원들의 수준이 낮다고 판단하고 함부로 대했다는 사실을 깨닫자 몹시 괴로워했다.

충격을 받은 진 사장은 자신부터 변해야겠다고 결심하고 1년 동안 묵묵히 솔선수범했다. 말뿐 아니라 실제로도 최고의 직원들과 함께 일한다는 생각을 가지고 노력했다. 그러자 불량률이 현저히 감소하기 시작했고 직원들의 이직률도 현격히 낮아졌다.

겉으로는 칭찬하면서 속으로는 전혀 다른 생각을 하고 있지는 않은가? 문제의 원인은 모두 직원들에게 있다고 생각하고 있지는 않은가?

어떤 문제든 원인은 쌍방에 있는 법이다. 어디서부터 잘못된 단추가 채워지기 시작했는지 리더 자신이 먼저 돌아보려고 노력해야 한다.

리더의 진정성이 직원들에게 통하기 위해서는 먼저 우월 의식을 내려놓고 자세를 낮추는 과정이 필요하다.

겉과 속이 다른 리더를
믿고 따르는 자 누가 있을까?

• 6 •

일이 편한 상사가 아닌 성장할 수 있는 상사를 따른다

기업을 코칭하다 보면 다양한 일들을 보게 된다. 같은 회사인데도 어떤 부서는 성과가 탁월하고 또 어떤 부서는 엉망이다. 이유를 찾아보면, 거기에는 어김없이 팀장의 리더십이 매우 중요한 역할을 하고 있음을 알 수 있다.

K사는 해마다 직원들에게 본인이 일하고 싶은 팀을 정하게 한다. 그러면 재미있는 현상이 일어나는데, 다들 명 팀장은 일을 많이 시키고 까다로워서 싫다고 해놓고는 앞다퉈서 명 팀장의 팀에 지원했다.

평소에 늘 좋은 모습으로 대하는 최 팀장은 정작 성과

를 내는 부분에 있어서는 약해서 상사에게 인정받지 못하는 경우가 많았다. 그 팀에 있는 동안에는 편안하게 지내는 것 같지만 결국에는 별다른 보람도 못 느끼고 결정적으로 남는 게 없다는 평이다.

반면에 명 팀장은 같이 있는 동안은 무척 까다롭게 하고 팀원들을 몰아붙이는 것 같으나 나중에 보면 확실히 배우는 것이 있어서 다른 부서에 가서도 인정받는 직원이 된다고 했다. 별명이 '불도저'와 '독사'인 명 팀장과 일한 적이 있다고 하면 다른 팀장들도 좋아했다.

독하기로 소문난 팀장과 함께 일하고 싶은 이유

K사 전 상무는 말했다.

"우리 회사에서 가장 멋진 사람은 아마 명 팀장일 것입니다. 직원들도 불도저네, 독사네 하고 독한 별명을 부르면서도 그 사람 옆에 있고 싶어 해요.

왜냐면 일을 밀어붙이는 성향이 있지만 절대로 이유 없이 화를 내거나 무턱대고 명령을 하지는 않기 때문입니다. 회사에서 일을 맡겼을 때 명 팀장이 제일 먼저 하는 일은 팀원들과 그 프로젝트의 가능성을 함께 찾아내는 일입니다.

그는 팀장이라는 자리를 의견을 조율하고 일이 될 수 있게끔 옆에서 돕는 사람이라고 여기고 있죠. 팀이 해야 할 일을 명확히 한 후에 각자가 할 수 있는 것을 모든 팀원이 서로 알 수 있도록 반드시 공유시킨답니다. 그러니까 항상 성과가 탁월하게 나오더군요."

명 팀장을 겪어본 팀원은 말했다.

"우리 팀장님은 일이 진행되면 큰 도표를 그려서 벽에 붙여놓고 진행 사항을 모두가 알 수 있도록 해 줍니다.

그리고 본인은 각자가 자기의 맡은 역할을 잘하도록 격려하러 다니죠. 한 사람 때문에 일이 진척이 안 되면 회사로서도 큰 손해가 나니까 모두가 잘 협력해서 일이 될 수 있도록 돕는 것입니다. 능력이 부족해서 결과물이 좋지 않은 사람에겐 늦게까지 자기가 가진 지식을 전수시켜서 제대로 일을 하도록 가르칩니다.

게으르거나 무심함으로 인해 발생한 문제에 대해서는 엄청나게 화를 내고 두 번 다시 실수하지 않도록 다짐을 시키죠. 적당히 일하려는 사람은 우리 팀장님과는 맞지 않아요."

"약속을 반드시 지켜주신 덕분에 확신하고 추진할 수 있었습니다"

여기까지 듣고 보니 나는 명 팀장의 생각이 너무도 궁금했다. 명 팀장은 말했다.

"사실 저는 성격이 모나서 다른 사람들과 함께 일하는 게 힘들었어요. 혼자 일하는 게 훨씬 더 편했지요.

그러나 아무리 제가 잘난 척을 해도 여러 사람의 힘을 합친 것보다 낫겠습니까? 어느 날 돌아보니 저 하나 성질 죽이고 팀원들의 힘을 모으니까 애초의 예상을 뛰어넘는 결과가 나오더군요.

팀원들이 기뻐하는 모습을 보니 저 역시 책임감이 더 생기고 재미있게 일해보고 싶었어요. 한번 그 맛을 보고 나니 더 이상 저 혼자 무엇을 하겠다는 생각이 없어졌습니다.

팀원들에게 일을 많이 하도록 요구하는 것은 사실입니다. 저는 빨리 끝내는 것이 회사와 개인에게 도움이 된다고 확신하기 때문에 밀어붙이지만 쉬운 일은 아니죠.

그래서 일을 해내면 팀원 전체에 보상해달라는 요청을 경영진에 했습니다. 경영진은 제게 한 약속을 한 번도 어긴 적이 없어요. 만일 그것이 지켜지지 않았다면 저 역시 중간에 힘을 잃었을 것입니다. 제 힘보다 우리 팀원들과의 약속을 지켜주신 경영진 덕입니다."

직원은 팀장에게 공을 돌리고, 임원도 팀장에게 공을 돌렸다. 팀장은 팀원들과 경영진에게 공을 돌렸다.

이런 영향력은 어디서부터 어떻게 시작하게 되었는지 생각해보아야 한다.

인간은 특별하고 싶은 욕구가 있다

사람의 내면에는 모두 자신이 특별한 인간이고 싶고, 내가 생각한 아이디어를 인정받고 싶다는 욕구가 있다. 한 명의 슈퍼스타가 탄생하기까지 그 뒤에서 이름도 없이 묵묵히 일하는 스탭들이 얼마나 많은가?

그가 진정한 슈퍼스타가 되기 위해서는 자신의 뒤에 있는 보이지 않는 사람들에게 진정으로 감사한 마음을 가져야 한다.

공고한 파트너십은 복잡다변한 경영의 세계에서 살아남을 수 있는 유일한 방법이다. 먼저 자신을 인정하고 함께 일하는 동료들을 인정하자. 그리고 일터를 제공해준 회사를 인정하자. 더 나아가 회사가 존재하도록 만든 직원 모두와 고객들을 인정하자.

모두가 가장 듣고 싶어 하는 말, "수고했어. 자네가 역시 최고야"를 자연스럽게 주고받을 수 있는 건강한 문화가 자리 잡힌 조직을 만들기 위해 힘을 쓰자.

먼저 자기 자신에게 정직하라. 그리고 사람들은 모두

다를 뿐 틀린 것은 아니라는 사실을 인정하며, 서로의 일에 대해 피드백을 명확히 하라.

이 모든 권한을 위해 잊지 말아야 할 한 가지는 팀과 회사의 행동 수칙이다. 서로가 최고가 되도록 탄탄한 응원의 문화는 내가 서로 잘났다고 자랑하는 것이 아니라, 행동의 원칙을 서로가 명확히 하고 지킬 때 생긴다.

> 사람은 누구나 다른 사람들로부터
> 존경과 인정을 받고 싶어한다.
>
> _ 레스 기블린 (Les Giblin)

INSIGHT

4

내 편을 만드는 리더의 태도

강력한 팀워크를 만드는 법

팀워크는 어떤 프로젝트를 진행하면서 구성원들과 함께 공동의 목표를 달성할 때 이루어진다. 팀원들과 함께 높은 생산성과 성과를 만들기 위해서는 효과적인 협력이 필요하다.

나는 팀워크를 화학물로 비유하길 좋아한다. 팀워크는 팀을 하나로 이어주는 접착제로서 서로의 단결과 지지를 높여주는 역할이라고 말하고 싶다.

팀워크는 업무에서 많은 중요한 부분을 뒷받침할 수 있는 가장 큰 잠재력을 가지고 있다. 좋은 팀워크를 만들어내는 것이 시너지의 근본이다.

조직에서 일을 할 때 구성원 모두가 동일한 일을 하지

않는다. 게쉬탈트 심리학 이론에 의하면 부분의 합은 전체의 합보다 작다. 이것을 팀워크에 대입해서 생각해보면, 적절하게 관리된 팀워크는 구성원들의 강점을 극대화시킬 수 있고 팀의 각 구성원들 중에서 가장 뛰어난 것을 이끌어내어 능력의 최대치를 발휘하게 한다.

이런 현상은 리더가 상사가 되려고 애쓰는 것이 아니라 팀원들과 함께 우호적인 환경 속에서 유대감을 강화시키는 역할을 할 때 만들어진다.

구성원 대부분은 친구들과 보내는 시간보다 직장동료들과 더 많은 시간을 보내기 때문에 구성원들 사이에 건강한 환경을 조성하고 동기부여를 잘해야만 한다.

지혜로운 리더는 구성원들이 일을 제대로 하지 못하면

그 제약조건이 무엇인지 알아서 제거하고 유연성 있게 대응한다. 팀원들과 함께 자주 소통하면서 각자 서로 다른 관점을 알게 하고 조직이 더 빨리 변화에 대응할 수 있는 다양한 방법을 찾는 데 최선을 다한다.

구성원들이 서로 옳다고 생각하는 것에 근거하여 결정을 내릴 수 있는 권한을 부여하므로 신속하게 일이 추진될 수 있도록 행동한다. 훌륭한 팀워크는 올바른 관리가 이루어질 때 형성되기 때문이다.

조직을 승리로 이끄는 힘의 25%는 실력이고,

나머지 75%는 팀워크다.

_딕 버메일(Dick Vermeil)

HOW GREAT LEADERS
MOVE PEOPLE'S MIND

• 1 •

원칙과 전략 사이에서

회사의 원칙과 실무자의 전략이 부딪히는 때가 있다. 회사를 위한 전략인데 원칙 때문에 진행하지 못할 때 실무자는 좌절하기 쉽다.

또 회사 입장에서는 아무리 성과와 이익을 위한다 하더라도 한 번 예외를 두기 시작하면 관리에 여간 힘이 드는 것이 아니다.

원칙은 일하는 사람을 위해, 전략은 원칙을 잘 수행하기 위해 존재한다는 대전제를 기억해야 한다. 누군가만 예외적으로 혜택을 받고 있다고 생각하게 해서는 안 된다. 원칙에 어긋나는 예외를 두려 한다면 반드시 그에 합당한 근거를 제시하여 감정적 불만이 생기지 않도록 해야 한다.

원칙과 전략 사이에서 고민하던 L사와 P사의 사례는 우리나라 기업들이라면 누구나 고민해볼 일이다. 이 두 사례를 통해 무엇을 위한 원칙과 전략인지를 생각해볼 수 있을 것이다.

"성과가 높은 부서에는 예외적으로 더 많은 지원금을 주세요!"

생활필수품을 생산하는 L사는 해외 각 지사장들이 스스로 정한 매출 목표를 합하여 전체 매출 목표를 설정했다. 그리고 직원들의 급여와 비용도 각 지사장의 영업 능력에 맞추어 지급하기로 했다.

그런데 동남아 지역을 맡고 있는 김 지사장이 원칙을 깨뜨리는 요청을 했다. 회사에서 정한 비용으로는 도저히 지사를 운영할 수 없으니 특별히 별도 규정을 적용하여 2억 원의 지원금을 보내달라는 것이었다.

동남아 지사는 해외 지사 10개 중에서 가장 매출을 많이 올리고 있는 곳이다. 그러나 김 지사장은 항상 예외 규정을 원했고, 본인이 원하는 것을 얻지 못하면 본사 직원들을 괴롭혔다.

지난주에 담당 부장이 박 전무에게 이 문제를 해결해 달라고 강력하게 요청했다. 모든 직원이 김 지사장과 통화하는 일을 두려워하여 업무에 방해가 된다는 것이었다.

특히 김 지사장은 지금까지 한 번도 회사가 정한 원칙을 따르지 않았고, 항상 새로 부임한 상사를 괴롭히면서 본인이 원하는 목적을 달성하는 사람이라는 말도 했다.

박 전무는 부임한 지 3개월이 되었고, 엄격히 원칙을 지키는 사람이었다. 예전 같으면 이런 일은 볼 것도 없이 거절했겠지만, 전에 담당한 임원이 이미 지원을 약속했다고 하니 쉽게 결정할 수가 없었다.

그리고 어제 김 지사장과 직접 통화를 하기도 했다. 김 지사장은 원칙도 중요하지만 일이 잘되게 하려고 그런 것이니 특별히 생각해달라고 했다.

박 전무는 난감했다. 해외 지사와 본사의 입장이 이렇게 다르니, 어떻게 해결해야 할지 고민이 되었다.

갈등과 신뢰 사이,
어디까지 예외를 둘 것인가

인터넷 콘텐츠를 제공하는 P사는 내부 인력으로 프리랜서를 많이 활용하는 회사다. 규모는 작지만 회사 이미지를 매우 중요하게 여기며 내실을 기하고 있다.

그런데 최근 급격히 늘어난 프리랜서들 때문에 문제가 발생했다.

정직원이 아닌 프리랜서들은 프로젝트와 관련된 일을 할 때에만 모임을 갖는데, 그러다 보니 본사에서 요구하는 사항을 제대로 숙지하지 못하는 일이 많았다. 이번에도 프리랜서와 의사소통이 잘 안 되어 고객사에 전달하는 의견이 일치하지 않아 본사 입장이 곤란해졌다.

문제에 관계된 프리랜서 두 명은 자신들의 잘못이 아니라며 버텼다. 회사가 사전에 명확하게 알려주어야 하는데, 말도 없이 바꾼 것이니 자기들은 책임질 수 없다는 것이다.

그러나 본사 직원들의 주장은 달랐다. 프리랜서에게 모두 통보를 했는데 두 명만 못 들을 리가 없고, 그들이 책임을 회피하려고 하는 것이니 처벌을 해야 한다는 것이었다.

신뢰를 최고로 치는 회사에서 고객에게 일관성 있는 정책을 펴지 못한다면 치명적인 타격을 입을 것이다. 정 사장은 이번 일에서 회사가 얻는 것과 잃는 것이 무엇인지 생각해보았다.

프리랜서 두 명을 처벌하면 경각심을 주어 앞으로 이런 문제가 재발되지 않을 것이다. 반면에 직원과 프리랜서의 갈등이 심해질 수 있고, 프리랜서들이 보호본능이 강해져 회사에 더 강한 요구를 할 것이다. 정 사장은 고민에 빠졌다.

예외를 두려 한다면
근거를 반드시 마련하라

원칙을 분명히 할 것인가, 유연성 있는 조직이 될 것인가. 기업을 경영하다 보면 항상 갈등을 일으키는 문제다. 한쪽이 만족하면 다른 쪽은 불만족을 나타낸다. 양쪽의 마음을 얻기 위해서는 리더가 먼저 충분히 각자의 입장을 듣고 이해하려는 노력을 보여야 한다.

L사의 박 전무에게는 제3의 방법을 찾기를 권했다. 해외 지사와 본사의 입장을 다 이해했기 때문에 어느 한쪽의 편을 들어주는 것은 문제해결에 도움이 되지 않는다. 박 전무는 김 지사장과의 갈등을 풀기 위해 가상의 대화 내용을 생각해보았다.

먼저 김 지사장에게는 지금까지 최고의 지사로 키워온 것에 대해 감사를 표하고, 그동안 동남아 지사가 다른 지사에 비해 얼마나 많은 혜택을 받아왔는지도 정확히 알린다. 그리고 그 혜택에 대한 형평성 때문에 다른 지사장들에게서 본사가 곤란한 경우를 많이 당했다는 것도 정확히

참된 리더는 합의를 꾀하는 사람이 아니라

합의를 위한 틀을 만들어주는 사람이다.

_ 마틴 루터 킹(Martin Luther King Jr.)

밝힌다.

이번에 본인이 원하는 지원금을 협조받으려 한다면 현재 계획한 매출 외에 회사에 무엇을 기여할 것인지 계획안을 제출하라고 요청한다. 지사와 회사가 윈-윈 합의서를 만드는 것이다. 물론 그 계획안은 다른 지사장들과 본사 직원들이 충분히 납득할 만한 것이어야 한다.

한편 본사 직원들에게는 불합리한 점을 충분히 알고 있다고 알려주고, 비록 인간적으로는 불만이지만 김 지사장의 그 집요함이 회사의 매출에 끼친 영향과 앞으로 얻을 성과를 생각해서 긍정적으로 바라보자고 설득한다.

그리고 회사에서도 다른 지사의 불만을 없앨 수 있도록 김 지사장에게 어떤 책임을 요구하면 되는지 방안을 내놓도록 요청한다. 이렇게 나온 방안들을 정리하여 한시적인 기간을 정하여 실시하기로 했다.

이렇게 하면 김 지사장에게는 혜택을 받는 만큼 책임을 지울 수 있고, 본사에서는 다른 지사장들이 불만을 나타내도 근거를 제시하고 이해를 구할 수 있다. 즉 원칙과 전략을 적절히 병합하여 실시하는 것이다.

원칙을 지킬 것인가 전략적 변화를 꾀할 것인가

P사의 정 사장은 직원들과 함께 해결책을 찾도록 권했다. 직원들에게 프리랜서의 입장이 되어 이번 일을 생각해보라고 했다. 직원들은 누구를 위해 무엇 때문에 원칙을 세우는지 생각해보도록 했다.

그 결과 '일부러 그런 것도 아닌데 회사가 이렇게까지 강하게 나오니까 불만을 가질 수도 있겠다'는 생각을 이끌어냈다.

원칙이 중요하지만 사람의 감정을 상하게 하면서까지 일을 진행하는 것은 무리가 있다는 결론이 나왔다. 그리고 이번 일은 서로 좋은 교훈을 얻은 것으로 하고 원만하게 해결하기로 했다. 업무상 변동사항은 사이트에 공지하고 각 개인에게 이메일이나 전화로 알려주기로 했다.

원칙은 업무를 최대한 효율적으로 수행하기 위해 세우는 것이다. 다시 말해 원칙이란 일하는 사람을 위해 존재하는 것이다.

원칙을 지킬 것인가, 전략적 변화를 꾀할 것인가 하는 문제는 상대방을 이해하기 위한 의사소통 과정을 통해 발전적 방향을 찾을 수 있다.

누구를 위한 원칙을 세우고
지키려 하는가?

• 2 •

원하는 것을 얻는 게 아니라 기대하는 것을 얻는다

훌륭한 인재를 얻으려면 그 인재의 모습을 마음속에 그릴 수 있어야 한다. 자기 회사에 대한 자신감을 가지고 간절히 원하면 반드시 훌륭한 인재를 얻을 수 있다.

"서로 믿으며 즐겁게 일할 수 있는 회사! 하루 중 가장 중요한 시간을 투자하고 있는 일터에서, 이런 확신을 가지고 일하고 싶다!"

모든 리더가 이런 생각을 한다. 그런데 리더들을 만나 보면 90퍼센트 정도는 뜻대로 되지 않아서 너무 괴롭다는 말을 한다.

실력 있는 직원들이 오지 않아 고민인 리더

역시 이런 고민을 하고 있는 M사의 임 대표를 코칭하면서 질문을 했다.

"그토록 간절히 원하는데 왜 안 된다고 보십니까? 어떤 것이 이루어지면 그렇게 될까요?"

"수준 있고 상식이 잘 통하는 직원들이 회사에 들어오면 그런 회사를 이룰 수 있을 것 같습니다. 그런데 그런 직원들이 우리 회사에 오지 않습니다."

"왜 오지 않는다고 생각합니까?"

"그야 실력 있는 사람들은 월급 많이 받고 여러 가지 경험할 수 있는 대기업을 선호하기 때문이지요."

"그럼 사장님이 대기업으로 가지 않고 직접 경영을 하게 된 이유는 무엇입니까?"

"저는 규모가 큰 회사보다는 소신을 가지고 할 수 있는 일에 집중하고 싶었습니다. 그리고 지금까지 후회한 적이 없습니다."

"그렇다면 사장님과 같은 생각을 갖고 있는 실력파는

없을까요? 그런 직원을 찾기 위해 사장님께서는 어떤 노력을 하셨는지요? 직접 만나서 설득을 해보셨습니까?"

임 대표는 대답을 하지 못했다. 결국 그는 원하기만 했지 기대하지는 않았던 것이다.

즉 '우리 회사처럼 작은 회사에 올 사람은 뻔하다' 하고 미리 포기를 하고, '괜찮은 직원 만나면 다행이고 아니면 그냥 이렇게 지내자' 하는 식이었다.

내가 가진 약점 때문에 나쁜 결과가 나온다고 생각하지 마라

세계적인 비즈니스 컨설턴트 브라이언 트레이시(Brian Tracy)는 "우리는 원하는 것을 얻는 것이 아니라 기대하는 것을 얻는다"고 했다.

렌즈 초점을 잘 맞추면 태양광선이 한 곳으로 집중되어 쌓아 놓은 낙엽더미에 불을 붙일 수 있다.

만일 렌즈를 고정하지 않고 이리저리 흔들면 초점이 맞

우리는 원하는 것을 얻는 것이 아니라

기대하는 것을 얻는다.

_ 브라이언 트레이시

지 않아 불이 붙을 정도의 열량이 생기지 않는다.

원하는 것이 이루어지지 않음을 자신이 현재 가진 약점 탓이라고 생각하며 안주해서는 안 된다. 왜 그런 결과가 나올 수밖에 없는지, 나는 원하는 것을 바꾸기 위해 무엇을 하고 있는지 객관적인 평가를 하고 실행해야 한다.

진정으로 원하는 것을 얻으려면 기대하는 것을 마음속에 그림으로 그릴 수 있어야 한다. 그 그림에 집중하지 않으면 그림은 흔들리고 흐려져 아무것도 이룰 수 없다. 그런 그림은 망상에 지나지 않는다.

취업을 준비하는 사람들을 만나서 대화를 하다 보면 그들이 진심으로 원하는 리더는 '분명한 비전을 제시하는 리더, 직원의 능력을 인정하며 이끌어줄 수 있는 리더' 라고 말한다.

왜 나는 원하는 사람을 얻을 수 없는지, 왜 애써 잡은 인재는 마음을 잡지 못하는지 그들의 마음 탓이라고 생각해서는 안 된다. 나는 그 사람들을 얻을 준비가 되었는지 대답할 수 있어야 한다.

최종으로 선택한 직원들에게 어떤 기대를 갖고 있는가? 원하기는 하지만 그들이 능력이 없어서 불가능하다고 포기하지는 않았는가?

이제부터 방법을 바꾸어보자. 직원들의 능력을 믿고, 그들과 함께 이룩할 기업의 모습을 그려서 벽에 걸어놓고, 그림이 현실이 되도록 간절히 기대해보자.

당신은 준비된 인재를 얻을

자세가 되어 있는가?

3

관계성의 힘

조직 내에서 일정 기간은 인정받다가 어느 순간 도태되는 사람들을 보게 된다. 그런 사람들을 개인적으로 만나 대화를 나누다 보면 '나도 원하던 결과가 아닌데 어쩌다 이렇게 됐는지 잘 모르겠다'고 한다.

그런데 주변 사람들은 말하기를 "관계성이 약하다. 너무 자신에게만 몰입돼 있어서 다른 사람들의 생각을 수용하지 못한다"는 평을 한다.

4차 산업혁명 시대에서 살아남으려면 관계성이 좋아야 한다는 이야기를 많이 한다. 하지만 어떻게 하면 관계성을 좋게 할 수 있을까?

조건 없는 지지가 한 사람의 인생을 바꾼다

미국의 심리학자 에미 워너(Emmy E. Werner)는 하와이의 지리적 · 사회적으로 고립된 카우아이라는 섬을 선택해 긴 세월 동안 같은 연구대상자를 선택해 추적 · 조사하는 종단 연구를 진행했다.

1954~1955년에 태어난 신생아를 대상으로 했는데, 가장 열악한 환경에서 자란 201명을 선택해 연구한 결과 3분의 1은 어떤 상황에서도 무력해지지 않고 역경을 이겨내며 정상적인 삶을 사는 것으로 나타났다.

여기에서 한 가지 공통점이 발견됐다. 그것은 성장 과정에서 그 아이의 입장을 무조건 이해해주고 받아주는 어른이 한 명 이상 있었다는 것이다. 즉 누군가의 조건 없는 사랑이 그 아이들의 인생을 바꿔놓은 셈이다.

에미 워너 교수가 40년에 걸친 연구를 정리하면서 내린 이들의 극복원인은 '인간관계'였다. 관계성이 높은 사람이 어떤 상황에서든 빨리 회복해 정상적인 생활을 한다는 것이다.

기업을 경영하면서 10년 만에 파산 위기에 처했던 김 사장은 힘든 시간을 보내던 중 우연히 자신을 도와주는 인생의 선배를 만났다.

그 선배가 자신을 진심으로 이해하고 그동안의 과정을 인정해주며 건넨 말이 그를 다시 일으켜 세웠다고 한다.

"김 사장은 절대로 망할 수 없는 존재다. 왜냐하면 당신은 정말 매사에 최선을 다하며 정직하게 살아왔다. 그런 사람이 망할 수 없다. 포기하지 마라. 나도 도울 방법을 찾겠다"

김 사장은 자신을 신뢰하는 선배의 말 한마디에 용기를 내 다시 일어섰다.

당신이 바라는 만큼 상대방도 바란다

인간은 모두 살아가면서 부침을 겪게 돼 있고 원하지 않는 상황에 대처해야 할 일이 종종 발생한다. 나 역시 건강이 나빠서 죽음의 문턱에 가본 적도 있었다. 학창 시절엔 집안 형편이 나빠서 아르바이트하느라 도서관에서 마음껏 공부할 수 없었던 때가 있었다.

그래도 항상 웃으며 다니니까 다른 사람들이 사정을 모르고 있다가 나중에 상황을 알고 나서는 어떻게 그렇게 이겨낼 수 있었느냐고 물었다.

나의 대답은 하나였다. 가족들의 사랑이 나를 지켜주었다. 어려서부터 아프니까 부모님께선 공부하란 소리 한 번 하시지 않고 그저 살아주는 것 자체에 고마워하셨다. 그리고 당신들이 가진 모두를 딸을 위해 내주시는 모습을 보여주셨다. 그래서 나도 당연히 사람 관계에서 서로 믿어주는 믿음과 신뢰라는 든든함을 갖게 됐다.

주변의 누군가가 나를 믿어주기를 바라는가? 그도 믿어주기를 바란다는 것을 먼저 생각하자. 그리고 내가 사랑과 믿음을 주자. 그래야 너와 내가 함께 행복할 수 있다.

당신이 바라는 만큼 상대방도 바란다.

인간관계에서 이 원칙은 변하지 않는다.

· 4 ·

서로 다른 의견을 조율하기 힘든 리더들

어느 회의나 논쟁은 있는 법이다. 차라리 반대 의견이라도 표현하는 분위기는 의견 조율의 가능성이 있다.

"가만히 있으면 중간이라도 가니까 조용히 있자" "시키는 대로 하자"는 태도를 보일 때가 리더로서 가장 난감하다.

회사 대표나 임원들이 회의시간만 되면 가장 힘들어하는 것 중 하나가 직원들이 전혀 아이디어를 내지 않고 누가 말하면 그저 그런가 보다 하고 가만히 있는 것이다.

직원들 입장에서는 자칫 의견을 내놓았다가 일을 떠맡

거나 곤란에 빠지게 될까 봐 걱정스러워서 그런다고 하니 생각처럼 활발한 회의를 진행하기란 참 쉽지 않은 일이다.

특히 대표와 임원 간에 의견 대립이 있을 경우에는 괜히 잘못 편들었다가는 큰 낭패를 보기 십상이니 선불리 이야기하지 못한다.

불이익을 당할 환경은 아닌지 점검하라

왜 직원들이 자신의 의견을 자유롭게 말하지 않을까? 다들 즐겁게 이야기를 나누다가도 왜 회의시간만 되면 눈치만 볼 뿐 선뜻 나서지 않을까?

어떻게 해야 대화하듯 자연스러운 회의 분위기를 만들 수 있을까?

나는 이런 조직들을 코칭하며 한 가지 공통점을 찾아냈다. 직원들이 의견을 내면 불이익을 당할 확률이 높다는 사실이다.

리더가 자신의 의견과 다른 의견에 대해서는 공개적으로 핀잔을 준다거나, 회의 자리에서는 별다른 반응이 없다가 알게 모르게 불이익을 주기도 한다.

이런 조직 분위기에서는 누구도 자유롭게 의견을 내지 못한다.

꿀먹은 벙어리 같은 회의시간을 탈피하고 싶다면, 직원이 자신의 의견을 발표했을 때 불이익을 당할 만한 분위기는 아닌지 점검해보라. 그리고 직원들이 사안을 객관적으로 평가하고 토의할 수 있도록 조정하라.

혼자서 판단하려고 하지 마라

많은 리더들이 서로 다른 의견을 가진 사람들을 조정하는 일이 힘들다고 토로한다. 특히 새로운 프로젝트를 수행하고자 할 때 한마음으로 진행하여 빨리 끝내야 하는데 의견이 갈려서 서로 헐뜯고 무시하는 상황이 되면 어떻게 해야 좋을지 난감하다고 한다.

이런 경우를 지혜롭게 극복한 사례가 있어서 소개한다. D사는 향후 10년을 내다보고 새로운 프로젝트를 만들어, 비용에 상관없이 장기적인 안목으로 어떤 제품을 만들면 고객과 회사가 함께 기뻐할 수 있을지 각자 아이디어를 내어 발표하기로 했다.

그런데 두 임원 사이에 설전이 벌어졌다. 강 전무는 최소 비용으로 만들어 일단 출시해본 다음에 상황에 맞게 대처하자고 주장했고, 박 상무는 비용이 들더라도 최고의 제품을 만들어야 한다고 주장했다. 비용을 산출해보니 약 두 배 차이가 났다.

이 대표는 이 문제를 해결하기 위해 그날 회의에 참석한 사람들을 두 팀으로 갈라서 좌측에 앉은 사람들은 강 전무의 제안을 검토해보고, 우측에 앉은 사람들은 박 상무의 제안을 검토해보라고 지시했다.

열흘 뒤에 각 팀이 연구 분석한 자료를 토대로 상호 협의한 사항을 다시 이 자리에서 발표한 후 전체 무기명 투표로 결정하겠다고 했다.

그리고 채택된 것에 대해서는 이후로 아무도 반대할 수

나는 직원들과 대화할 때

늘 3분의 2 원칙을 지킨다.

대화 시간의 3분의 2는 듣고,

나머지는 그 질문에 대답하는 데 쓴다.

_ A. G. 래플리(A. G. Lafley)

없으며 모두가 한마음으로 협조해야 함을 분명히 했다.

열흘 뒤 각 팀에서 발표를 하고 투표를 실시했다. 박 상무 쪽 의견이 압도적인 지지를 얻었다. 이미 서로 충분히 연구 분석해서 나온 결과이기 때문에 그 다음부터는 진행이 일사불란하게 이루어졌다.

평상시라면 이 정도 규모의 프로젝트는 2년 정도 소요될 텐데, 장애가 될 만한 요소들을 이미 충분한 토론을 통해 제거하고 난 뒤라 1년 4개월 만에 완수할 수 있었다.

의견 조율에 너무 많은 시간을 들이지 마라

의견 조율에는 시간과 비용이 관건이다. 많은 시간 동안 고민한다고 해서 반드시 좋은 판단을 할 수 있는 것도 아니고, 점검에 너무 많은 비용을 들이는 것도 효율적이지 않다.

앞선 사례에서 D사는 직원들과의 합의를 끌어내는 데

2주 정도의 시간을 사용하여 8개월의 시간을 벌었다. 더욱 중요한 것은 생각이 나뉠 필요 없이 집중하여 일할 수 있는 분위기를 연출했다는 점이다.

또한 자신의 의견과 상관없이 공평하게 팀을 갈라 누가 누구의 편을 든다는 생각이 들지 않도록 배려한 점이 돋보였다.

그뿐만 아니라 두 가지 방법을 동시에 생각해볼 수 있는 기회를 주었다는 것이 좋은 결과를 가져온 비결이라고 할 수 있다.

아무리 바빠도 의견을 통합하는 과정을 거치면 그다음 일정은 훨씬 단축될 수 있다는 사실을 보여주는 사례라고 할 수 있다.

의견 조율을 위해 충분한 검토와 시간을 들이는 것은 결코 낭비가 아니라 오히려 투자다.

직원들이 의견을 자유롭게 말하지 않아 답답하다면,

의견을 발표했을 때 불이익을 당할 만한 분위기는

아닌지 점검해보고, 직원들이 사안을 객관적으로 평가하고 토의할 수 있도록 조정하라.

• 5 •

한 사람의 스타를 만들지 말고 모두가 빛나게 하라

"믿고 일을 맡길 만한 직원이 단 한 명이라도 있으면 좋겠습니다. 일일이 신경 써야 하니 다른 일을 할 여유가 없네요.

사람이 곧 힘이더라고요. 그런 사람 딱 하나만 있어도 우리 회사를 좀 더 키워보겠는데 말이에요. 큰일을 할 기회를 안 주네요.

하나부터 열까지 자질구레한 것들도 다 챙겨야 하니 참 답답한 노릇입니다."

규모가 그리 크지 않은 중소기업 대표들을 만나면 듣게

되는 말 중에 가장 흔한 말이다. 하지만 촉망받는 인재를 영입한다고 해서 일이 술술 풀릴까?

직원들의 시기를 견디지 못한 촉망받던 인재

경기도 산업단지에 약 30여 명의 직원과 함께 일하는 강 사장은 자기 회사에서 믿을 만한 사람을 하나 키우려다가 홍역을 치러야 했다.

강 사장은 회사가 보다 발전하기 위해서는 직원들 개개인이 역량을 강화해야 한다고 생각했다. 그래서 여러 차례 직원들을 격려하고 권면했지만 직원들의 반응은 싸늘했다.

함께 근무한 기간이 길다 보니 서로 너무 잘 알고 있는데다가 모든 일이 익숙해져서 매너리즘에 빠진 것이 아닌가 하는 생각이 들었다.

고심 끝에 강 사장은 큰맘 먹고 외부 인력을 영입하기

로 결정했다. 다른 회사에서 인정받고 일하던 황 과장을 스카우트했다. 어렵사리 설득해서 데려온 사람이라 그만큼 기대가 남달랐다.

강 사장은 이 일이 정체되어 있던 회사 분위기에 새바람을 몰고 오길 기대했다. 일을 똑 부러지게 잘하는 황 과장에게 만족스러워하며 1년간 애정을 쏟고 공을 들였다.

그런데 어느 날 황 과장이 덜컥 사표를 내놓았다. 당황한 강 사장이 왜 그러느냐고 물었다.

"사장님이 제게 어떤 기대를 하셨는지 잘 압니다. 그래서 지금까지 꾹 참고 노력해왔습니다. 그런데 더 이상 견디기가 힘들어서 안 되겠습니다.

저 때문에 다른 직원들이 괴로워졌다며 처음부터 곱지 않은 눈으로 쳐다봤습니다. 소위 왕따라는 것도 당했고요.

어떻게든 어울려 보려고 일부러 바보처럼 굴기도 하고 제 돈으로 밥을 사기도 했습니다. 그런데 그때뿐이더군요."

이야기를 듣던 강 사장은 깜짝 놀랐다. 곱지 않은 시선이 있다는 것까지는 알았지만 사표를 낼 정도의 일이라고는 생각하지 않았다. 황 과장은 계속해서 말했다.

"직원들과 함께 머리를 맞대고 업무에 대해 진지한 고민도 해보고 싶었지만 호응해주는 이가 하나도 없었습니다. 어떤 때는 남의 부서 일에 참견한다면서 욕설을 퍼붓기도 했습니다.

저는 다른 직원들에게는 여전히 외부인인 것 같습니다. 저와 업무 정보를 공유하면 큰일이라도 나는 줄 아는 모양이에요.

회사가 성장하려면 각 부서의 업무가 공유되어야 하고 그래야 좋은 아이디어가 나오는 것 아니겠습니까? 그런데 아무리 노력해도 안 되니, 제가 어떻게 해볼 재간이 없습니다. 이쯤에서 제가 물러나야죠."

황 과장의 절절한 말을 들은 강 사장은 마음이 무너져 내렸다. 모든 일이 헛수고로 돌아간 것만 같았다.

적을 만들고 싶다면

상대방보다 우월함을 나타내면 된다.

친구를 만들고 싶다면

상대방이 가진 장점을 칭찬하면 된다.

_ 라 로슈푸코(Francois de la Rochefoucauld)

편애와 무심함이 소중한 사람을 잃게 만든다

나는 강 사장을 코칭하며 왜 직원들이 서로 업무 정보를 공유하지 않는지 그 이유를 생각하도록 했다. 원인을 몇 가지 찾을 수 있었다.

황 과장을 영입한다고 발표했을 당시에 직원들의 반응은 매우 경직되고 싸늘했다. 강 사장은 당연한 현상이라고 보고 능력 있는 황 과장이 오기만 하면 다 해결될 문제라고 생각했다.

기존 직원들이 받을 마음의 상처는 전혀 고려하지 않은 것이 사실이다. 강 사장은 유독 황 과장하고만 긴 시간 대화를 나눴고 회의 석상에서도 황 과장을 칭찬하는 일이 많았다.

그 때문에 황 과장과 직원들 사이에 보이지 않는 벽이 세워졌고, 빌미를 제공한 것은 바로 강 사장 자신이었다.

그러나 강 사장은 그 보이지 않는 벽을 계속 무시해왔었다. 편애와 무심함이 결국 소중하게 여긴 사람을 잃게 되는 상황에까지 이르게 만들었다.

이런 사실을 뒤늦게 깨달았으니 더 일이 커지기 전에 서둘러 조치를 취하도록 했다.

강 사장은 먼저 황 과장에게 한 달 동안 생각할 시간을 갖자고 제안했다. 상황이 이렇게 된 데에는 사장인 자신의 책임이 크니 문제를 해결할 수 있는 기회를 달라고 했다.

황 과장은 그동안 강 사장이 기울인 노력이 어느 정도인지 누구보다도 잘 알고 있기에 그렇게 하겠다고 약속했다.

약속한 한 달이란 시간 동안 강 사장은 직원들을 만나 허심탄회하게 이야기를 나눴다. 그리고 자신의 잘못을 공개적으로 시인했다.

한 번의 대화로 모든 것이 풀릴 거라 생각지 않고 시간을 두고 허심탄회하게 다가갔다. 처음에는 냉담하던 직원들도 조금씩 마음을 열며 앞으로 잘해보겠노라고 다짐했다.

결론적으로 강 사장은 황 과장과 직원들을 모두 잃지 않았고 오히려 직원들 간에 관계가 개선되는 이득을 볼 수 있었다.

이 이야기에서 얻을 수 있는 교훈은 무엇일까?

리더는 한 사람을 얻으려고 하다가 아흔아홉 명을 잃을 수도 있다. 리더는 시간을 내어 직원들을 살펴야 한다. 진정으로 신뢰하며 마음을 담아 표현해야 한다.

시간이 없다고만 하지 말고 계획을 세워 지속적으로 직원들과 대화하길 권한다. 직원들과 많은 것을 공유하면 할수록 문제가 발생했을 때에 빨리 올바른 대처를 할 수 있다.

직원들과 공유하기 위해서는, 한 사람의 스타를 편애하는 게 아니라 모두를 빛나게 하는 리더의 역할이 필요하다.

한 명을 키우려다

다수를 잃는 우를 범하고 있지는 않은가?

INSIGHT 5

새로운 시대의 조직 관리법

헌신, 형식, 버티기가 통하던 시대는 지났다

새로운 시대는 리더에게 새로운 존재 방식을 선택하게 한다. 시대가 변화하면 조직은 자신을 변화시키고 새로운 마음가짐으로 출발하는 리더를 원한다.

하지만 갑자기 자신의 마음을 바꾸어 새로운 상황에 적응하는 동시에 성과까지 만든다는 것은 어려운 일이다.

민첩하게 적응해 변화에 성공하기 위해서는 리더가 어떻게 조직문화를 형성하는지가 관건이다. 우선 스스로 근본적인 변화를 하려는 자세가 최우선이다. 그런 다음 현재 가용할 수 있는 자원이 무엇인지 파악하여 조직에서 사용할 수 있는 최대한의 기회를 활용해야 한다.

이 과정에서 많은 리더들이 조직원들과의 관계 구축에

어려움을 토로한다. 새로운 시대에는 개인의 성장과 자율성이 중요하게 작용하는데, 구성원 개인의 역량을 강화함과 동시에 하나로 된 팀의 성장으로 연결한다는 것이 쉽지만은 않기 때문이다.

팀이 민첩성을 가질 수 있도록 최대한 의사결정을 빨리 내리면서도, 개개인의 의견을 존중하려다 보니 그 과정이 녹록치만은 않다.

특히 이전 세대와는 확연히 다른 특성을 드러내는 밀레니얼 세대가 본격적으로 직장에서 주요한 자리에 접어들면서 리더들의 고충은 가중되었다. 기존 세대는 밀레니얼 세대를 이해하려고 노력하지만 그 이해의 범주를 벗어나는 일이 심심치 않게 발생하는 것이다.

이 현상은 비단 한국뿐만 아니라 세계 곳곳에서 일어나는 상황이다. 그러니 '내가 고지식해서' '내가 꼰대 마인드가 강해서'라거나 혹은 '젊은 세대가 너무 철이 없어서' '젊은 세대가 조직 마인드에 아직 익숙하지가 않아서' 등 이분법적 사고로 '나의 탓, 남의 탓'을 해서는 안 된다.

많은 조직에서 가장 고민하는 '어떻게 조직 내 격차를 이겨내고 즐겁게 일할 것인가'의 문제에 답을 찾을 때면 나는 '사자의 생존법'을 생각하고는 한다.

지구상에 가장 오래된 사자의 화석은 얼마나 되었을까? 무려 350만 년 전 사자 화석이 발견되어 사람들에게 놀라움을 주고 있다.

어떻게 사자는 이 오랜 세월 동안 멸종하지 않고 살아남을 수 있었을까? 학자들이 그 이유를 연구한 결과 비밀은 바로 이타성에 있었다.

김경일 교수가 쓴 글에 의하면, 사자들의 사냥은 워낙에 예측불허한 상황이 많아서 자기 휘하의 부하들로만 사냥을 하는 것은 어려울 수 있다고 한다. 이럴 때 다른 무리에 속해 있는 사자의 도움이 필요하다. 이타심이 요구되는 것이다.

우두머리 사자가 왕좌를 물려줄 때 이 이타심은 중요한 요소가 된다고 한다. 우두머리 사자는 왕좌를 물려줄 사자를 물색할 때 사냥능력이 뛰어난 사자만을 염두에 두지 않는다.

중간보스 격인 여러 사자들을 지켜보다가 사냥 능력은 조금 떨어져도 잡은 먹이를 자기 부하뿐만 아니라 다른 사자들에게도 나누어주는 이타심을 발휘하는 사자에게 왕좌를 물려준다고 한다.

치열하고 냉혹한 동물의 세계에서 350만 년 동안 생존해온 사자의 지혜는 인간 조직의 삶에도 많은 시사점을 준다.

대체로 사람들은 조직 생활을 정글의 세계에 비유하고는 한다. 그만큼 혹독하고 때론 극심한 생존 경쟁의 끝자락에서 다투어야 하기 때문이다. 이 경쟁은 조직 내에서도 극심하지만 조직 밖에서는 더욱 심해지고는 한다.

행복해지기 위해 조직에 몸담고 열심히 일을 하는 것인

데 하루하루 생존에 내몰린 기분으로 살아간다면 그 얼마나 불행한가. 함께 일하면서 화합을 이루는 방법을 우리는 사자의 이타심에서 찾을 수 있지 않을까?

무려 350만 년을 지켜온 생명줄이 바로 이타심이다. 이타심이야말로 조직을 아우르는 화합의 비법은 아닐까?

서로 다르고 이해가 되지 않는다며 저마다 행동하게 되면 조직은 와해되고 만다. 누군가와 작은 것이라도 나눌 때, 도움의 손길을 줄 수 있는 작은 여유를 가질 때 행복한 조직이 탄생할 것이다.

한 공간에서 일을 하는 구성원 서로가 조금씩 이타심을 발휘한다면 다양한 성취감을 느낄 수 있고 조직의 화합은 반드시 이루어질 수 있다.

HOW GREAT LEADERS
MOVE PEOPLE'S MIND

1

대신 해주는 리더 말고 도와주는 리더가 되어라

직원 스스로 생각하고 고민하여 해답을 찾는 것이 가장 효과적인 방법이라는 것은 알고 있다. 하지만 정답을 알고 있으면서도 힘들게 돌아가는 걸 지켜보는 일이 과연 옳은 걸까?

직원을 가만히 지켜만 볼 수 없으니 상사가 직접 나서서 일을 처리하거나 대신 결정하는 경우도 있다. 이는 과연 옳은 걸까?

이런 문제로 고민을 하는 리더나 조직을 만나면 나는 부모와 자식 이야기를 해주고는 한다.

당신은 대신 결정해주는 사람이 아니다

부모들은 자녀가 말을 잘 듣지 않기 때문에 대화를 나눌 수 없다고 하소연한다. 반면 자녀들은 부모와 말이 통하지 않는다고 불평한다. 자녀들은 부모가 자신들을 이해하지 못한다고 하고, 부모들은 자녀들이 철이 없고 어리석다고 한다.

많은 부모들은 말한다.

"자식 잘되기 바라지 않는 부모가 세상에 어디 있습니까? 왜 우리 아이들은 지름길을 알려주는데도 그 길을 마다하고 돌아가려 하는지 모르겠다니까요."

다 지은 밥을 입 안에 넣어주려고 하는데, 왜 먹지 않으려고 하는지 모르겠다는 것이다.

과연 부모들이 생각하는 그 길이 서로 다른 시대를 살아갈 자녀들에게도 지름길일까? 부모는 언제까지 자녀의 인생을 책임질 수 있을까?

자녀 대신 결정한 길을 부모가 대신 살아줄 수 없다. 심하게는 자녀의 인생을 마치 부모 인생의 연장선처럼 생각하는 사람들이 있는데 정말 잘못된 생각이다.

자녀가 스스로 인생에 책임을 지고 살아갈 수 있도록 부모는 도와주는 역할을 할 뿐 대신 결정해주는 사람이 되어서는 안 된다.

"이 길이 네가 가야 할 길이다. 이 길로 가야 너는 행복해질 수 있다"고 단정할 수 있는 부모는 어디에도 없다. 이렇게 말하는 것은 옳지 않으며, 자녀를 위한 진정한 사랑이 아니다.

더욱이 현대 사회는 빠르게 변한다. 급변하는 사회에서 자신의 길을 제대로 걸어가려면 변화에 능동적으로 대처하는 능력을 키워야 한다.

그러기 위해선 이미 잡아 놓은 고기를 손쉽게 얻는 방법을 알려주는 것이 아닌, 자기가 직접 고기를 낚는 법을 알려주어야 한다.

피드백 방식으로 나뉘는 3가지 유형 리더

리더와 직원의 관계도 마찬가지다. 리더는 고기를 낚아 주는 것이 아니라 스스로 고기를 낚을 수 있도록 방법을 알려줘야 한다.

직장에서 흔히 볼 수 있는 예를 한 가지 들어보자. 부하 직원이 임원들 앞에서 프레젠테이션을 했다. 상사가 보기에 그 프레젠테이션은 엉망이었다. 발표 내용이 좋지 않은 것은 그렇다 치고 예정 시간을 초과해버렸다.

이럴 때 리더들이 나타내는 반응을 세 가지 정도로 나누어볼 수 있다.

첫 번째는 "야, 무슨 프레젠테이션을 그따위로 해! 앞뒤 말이 도통 안 맞잖아. 목소리는 왜 그렇게 기어 들어가! 그렇게 자신이 없어? 하긴 시간 하나도 제대로 못 지키니 더 이상 뭘 바라겠어." 하며 언성을 높여 질타를 퍼붓는 것이다.

두 번째는 "음, 준비를 많이 했군요. 잘했어요. 그런데 이 부분은 잘못된 것 같군요. 이 부분은 이렇게, 저 부분은 이렇게 고쳐보면 어떨까요? 그리고 시간 배분은 그렇게 해선 안 됩니다. 시간 배분하는 방법을 알려줄 테니 잘 들어요." 하고 부드럽게 지적하는 것이다.

세 번째는 "참 잘했어요. 많은 발전이 있군요. 본인이 생각하기에 어떤 부분을 가장 잘했다고 생각하나요? 부족한 부분은 어떤 점이라고 생각하죠? 다음에 다시 프레젠테이션을 한다면 어떤 부분을 좀 더 개선했으면 좋겠는지도 들어보면 좋겠군요." 하며 스스로 자신의 단점을 생각해보게 하는 것이다.

리더의 틀에
직원을 끼워 넣지 마라

첫 번째 리더의 모습이 바람직하지 않을 뿐더러 효과적이지도 않다. 사람을 주눅 들게 할 뿐 긍정적인 발전을 위한 조언이라고 볼 수 없다.

한 마리의 사자가 이끄는

사자들의 군대가 가장 위협적이다.

그런 군대를 누가 막을 수 있겠는가.

_ 마크 샌번(Mark Sanborn)

리더가 취해야 할 가장 올바른 방식은 무엇일까?

두 번째, 세 번째 리더 모두 부드럽게 접근했다는 점에서는 일치한다. 하지만 접근 방식이 같을 뿐 그 내용은 하늘과 땅 차이다.

두 번째 리더는 부드럽게 타이르기는 했지만 결국 자신의 방식으로 직원을 끌고 가려는 마음이 보인다.

세 번째 리더는 부하 직원 스스로 생각하고 고민하여 해답을 찾도록 유도하는 방식을 택했다. 스스로 고기를 낚을 수 있게 해준 것이다.

리더는 부하 직원으로 하여금 스스로의 장점과 단점을 발견하고 개선해나갈 수 있도록 이끌어주어야 한다. 단순한 지시, 명령, 요청이 아닌 발견의 차원으로 이끌어야 하는 것이다.

스스로 자신을 발견하면 다음번에 같은 상황을 직면했을 때 훨씬 능동적으로 대처할 수 있다. 자신의 부족한 점을 스스로 채울 수도 있다.

직원을 리더의 틀대로 만들려고 해서는 안 된다. 자신의 방식으로 직원이 해나갈 수 있도록 이끌어주는 리더야

말로 지혜로운 리더라 할 수 있다.

당신은 부하 직원과 문제점에 대해 논의할 때

어떤 문장으로 마무리하는가?

해답을 제시하는 리더인가?

스스로 답을 찾도록 돕는 리더인가?

• 2 •

솔선수범하는데도 성과가 나지 않는다면

모든 리더들은 함께 행복하게 일하는 환경을 만들고 싶어 한다. 그런데 막상 일하면서 행복하냐는 질문을 받는다면 선뜻 "예스"라고 대답할 수 있는 사람이 얼마나 될까?

리더들은 본인이 솔선수범하면 직원들이 당연히 잘할 것이라 생각하고 그에 따라 성과도 자연스럽게 오르기를 기대한다.

하지만 대표는 대표대로 책임감을 갖고 열심히 일하고 직원들은 직원들대로 최선을 다해 일한다고 자부하는데도 성과가 나지 않으면 커다란 실망감을 안고 깊은 슬럼

프에 빠지기 쉽다.

직원을 100퍼센트 믿지 않는데
솔선수범이 무슨 소용일까?

"객관적으로도 검증된 사람들을 임원으로 임명했는데 역량 발휘가 안 되어서 3개월쯤 후에 이유나 파악하려고 이야기를 나눴더니 다들 자기변명만 늘어놓는 거예요.

그러다 보니 '이 사람들이 내 앞에서 하는 말이 다 사실일까?' 의문이 들더군요. 올해는 꼭 목표한 대로 성과를 내야 할 텐데 어찌해야 좋을지 모르겠습니다."

코칭을 했던 어느 기업 대표의 하소연이다. 그는 본인이 임명한 임원들이 정직하지 못하다고 생각하면서 성과에 대한 염려를 하고 있었다.

행복하게 일할 수 있는 직장이란, 경영자는 직원들을 기쁘게 하고 직원들은 고객을 기쁘게 하는 선순환 구조가 이루어질 때 만들어진다.

이 기업의 대표는 이 선순환 구조를 만드는 데 실패하고 있었다. 아마도 이 상황이 개선되지 않는다면 그 회사는 올해도 성과를 제대로 낼 수 없을 것이다.

실제로 직원들이 행복을 느끼며 일할 때는 자신들이 존중받고 있으며 회사의 비전이 실현가능한 것이라고 느낄 때다. 그리고 그러한 조건이 충족될 때 성심성의로 일한 성과가 나타나기 마련이다.

그런데 회사의 톱 리더가 자신들을 신뢰하고 있지 않음을 느끼는데 어느 누가 최선을 다해 열심히 일할 수 있겠는가? 불가능에 가깝다.

"정직한 신하가 있으면 적국이 두려워한다"

기업의 성과는 유능하고 정직한 부하 직원과 함께 일하는 리더에게서 나온다.

올리버 크롬웰(Oliver Cromwell)은 "많은 사람보다는 소수의 정직한 사람이 더 낫다"고 했고, 조선시대 문인 신숙

영국의 혁명가 올리버 크롬웰은 "많은 사람보다는 소수의 정직한 사람이 더 낫다."며 수많은 사람들을 거느리는 리더가 명심해야 할 것을 꼬집었다.

주는 "나라에 정직한 신하가 있으면 적국이 두려워한다"고 했다.

기업의 경쟁력은 사람에게 있다. 그리고 정직한 사람이 기업의 방향이나 리더의 문제에 대해 솔직하게 말하며 대안을 제시할 때 경쟁력이 높아진다.

누군가 정직하게 할 말을 했는데 불이익을 당하는 걸 봤을 때에는, 회사를 살릴 수 있는 좋은 아이디어를 가졌어도 제대로 표현하지 못할 수 있다.

대교그룹 강영중 회장은 이렇게 말한다.

"나는 항상 모자란다고 생각한다. 때문에 훌륭한 임원과 직원들이 필요하다. 모든 걸 혼자 다하려는, 부족하지 않은 경영자는 인재의 중요성을 느끼지 못한다.

흔히 성공한 창업주들이 독단과 오만에 빠지기 쉬운데, 과거 성공한 경험에 의존하려는 경향이 있어 남의 이야기를 잘 듣지 않으려는 이유도 같은 맥락이다."

자신의 모자람을 인정하지 않는 리더는 부하 직원들로부터 채움을 받지 못한다. 스스로 부족하다는 인식이 있어야 채우려는 의지도 갖게 되기 때문이다.

성공하는 리더들의 5가지 공통점

나는 기업들을 코칭하면서 성공하는 리더들이 가진 공통점 5가지를 발견했다.

1. 자기 자신과 기업에 대해 확실한 목표를 갖고 있다.
2. 상호 신뢰하는 사람들과 오랫동안 일하고 있다.

3. 사람을 가리지 않고 언제든지 대화를 잘 나눈다.
4. 사소한 일과 단기적인 성과에 연연하지 않고 미래를 내다보며 준비하는 여유가 있다.
5. 부하 직원의 실수에 대해 관용을 베풀며 기다릴 줄 안다.

당신에게는 자신이 가진 생각을 정직하게 표현해주는 직원이 있는가? 그리고 당신은 그에게 어떤 피드백을 해주는가?

나름대로 최선을 다하고 있는데도 불구하고 기대한 만큼 성과를 올리지 못하고 있다면, 무엇이 문제일까?

먼저, 리더 자신이 부하 직원들을 충분히 신뢰하고 있는지 점검하라. 그런 다음 다른 사람이 솔직한 의견을 낼 수 있는 환경인가 살펴보라. 직원을 신뢰하지 않는 리더의 마음은 직원들에게 고스란히 전해진다. 솔선수범하는데 직원들이 따르지 않는다고 불평하기 전에, 자신은 직원들을 얼마나 믿는지 스스로에게 물어보자.

솔선수범하고 있는데도 성과가 나지 않는다면
리더 자신이 부하 직원들을 충분히 신뢰하고 있는지
점검해보라.

3

당신의 꿈이 실현되는 장소는 어디인가?

조직에서 크고 작은 리더 역할을 맡고 있는 마흔 안팎의 직장인들은 큰 부담감을 가지고는 한다. 가족의 생계를 위한 경제적인 부담도 있지만, 그보다 한창 일해야 할 나이에 자신의 전문 분야에서 실력을 발휘하지 못하게 될까 봐 두렵기도 하기 때문이다.

오래도록 노력한 자신의 전문 분야에서 제 실력을 발휘하지 못한다는 것은 자존감을 무너뜨리는 일이다.

자신의 의지와 상관없이 빠르면 2~3년 안에 다른 곳으로 가야 할지도 모른다는 불안감이 덮치면 마음이 급해

진다.

게다가 회사 안에서는 다른 길이 보이지 않으면 '차라리 내 사업을 시작해볼까?' 하는 생각에 정보를 뒤적이며 창업에 대해 알아보기도 하지만 그것도 쉬운 일은 아니다.

빠른 속도로 승진하는 후배와 뒤처지는 것 같은 선배

코칭 중에 만났던 38세의 어느 팀장도 똑같은 고민을 하고 있었다. 입사 13년차인 팀장은 말단 사원에게 주어지는 보험 관리 업무를 시작으로, 지난해 인사교육팀장이 되기까지 정말 열심히 일했다.

주5일 근무가 시행되기 전, 모두 들떠서 주말 계획을 짤 때도 그는 주말을 쉬는 시간이라고 생각한 적이 단 한 번도 없었다. 오히려 자기계발과 업무 파악에 힘을 쏟는 시간으로 확보하고 필요한 자격증과 교육 과정에 열심히 참

여하며 회사에서 원하는 핵심인재가 되기 위해 노력했다.

그러나 현재 이 팀장은 앞날을 생각하면 앞이 캄캄하다. 자리 이동이 실시될 때마다 공지사항에 적힌 이름을 보면, 한참 뒤에 있어야 할 후배들은 전보다 더 빠른 속도로 진급하여 자신의 자리를 넘보고 있다.

팀장과 앞날에 대한 대화를 하다가, 이와 유사한 상황을 지혜롭게 극복한 하 실장의 이야기를 들려주었다.

회사가 요구하기 전에 먼저 자신의 길을 제시하라

몇 해 전, 코칭으로 만난 하 실장은 의류업체에서 디자인 실장을 맡고 있었다. 대학시절부터 그녀는 디자인만 공부했다.

몇 번 이직을 했지만 퇴사를 한 것은 아니고 경력을 쌓기 위해 디자인 분야로만 움직인 것이었다. 그렇게 경력을 쌓아 지금 있는 회사에서 총괄 업무를 맡게 되었다.

회사는 계속 성장하고 있었다. 처음에는 국내 시장에서만 판매하던 제품이었는데 점차 아시아권 수출이 호조를 보이면서 글로벌 시장으로 확대되었다.

때로는 회사의 성장이 담당자에겐 부담이 되기도 하는데, 하 실장의 경우가 그랬다. 국내 시장을 겨냥한 디자인에는 자신이 있었지만, 글로벌 시장에 맞는 패턴을 찾기 위해서는 자신과는 다른 시각에서 접근할 수 있는 인재가 필요했다.

회사 입장에서 보면, 하 실장 본인 밑에 부하 직원을 채용하는 것보다는 그 자리를 대신할 인재가 필요한 시점이라고 그녀는 판단했다.

하 실장은 회사가 요구하기 전에 스스로 대안을 찾고 싶었다. 다른 회사로 옮기거나 창업을 하는 방법도 있었지만, 그것은 회피라는 생각이 들었다. 그때부터 코칭을 받으며 머리를 맞대고 고민을 했다.

결국 그녀가 선택한 길은, 현재 하고 있는 일을 다른 사람에게 위임하고 자신은 다른 분야를 개척하는 것이었다. 그것은 바로 영업 마케팅이었다.

현명한 리더는

모든 것을 알고 있다고 생각하지 않는다.

다른 사람들로부터 새로운 것을 배우려고

끊임없이 노력한다.

_ 하비 세이프터(Harvey Seifter)

그녀는 영업이나 마케팅을 단독으로 진행한 적은 없었다. 그러나 영업 현장에서 소비자의 욕구와 디자인의 결합에 대해 설명하자면 디자인을 잘 아는 사람이 더 유리하다고 판단했다.

만약 하 실장의 계획대로 일이 잘된다면 회사로서도 나쁠 것이 없었다. 사장은 현재 맡은 업무에 지장을 주지 않는다면 열심히 해보라고 적극 권유했다.

그렇다고 당장 일이 줄어든 것은 아니었다. 직접 디자인을 하는 일은 줄어들었지만, 누구보다 시장 동향을 빨리 꿰뚫고 있어야 했다.

어디 그뿐인가? 직원들이 제출하는 디자인이 제품으로 출시되었을 때 얼마나 성과를 보일지 꼼꼼히 피드백을 해주어야 했다. 하 실장은 그렇게 본연의 업무에 충실하면서 남는 자투리 시간을 이용해서, 평생대학원의 교수와 영업부 직원, 그리고 매장 직원 등의 도움을 받으며 공부를 계속했다.

6개월 후, 하 실장은 영업부에서 뚫지 못하던 백화점에 입점을 계약하는 등 놀라운 성과를 보이기 시작했다. 디자인 분야의 전문지식과 영업 마케팅을 겸하는 실력이 빛을 발하게 된 것이었다.

회사를 위해 희생한다고 생각하는 순간 미래는 어두워진다

회사에 다니면서 꿈을 꿀 수 없는가? 혹시 '우리 회사는 꿈을 꾸기엔 너무 제약이 많아'라고 생각하지 않는가?

그런 생각들은 지금 이 순간 모두 날려버려라. 회사에 몸담고 있는 시간도 자신의 꿈을 이루기 위해 시간을 투자하는 것이라고 생각하자.

회사와 경영자 때문에 자신을 희생한다고 생각해서는 안 된다. 자신을 위해 일을 선택하고 귀한 시간을 투자하는 것이다.

꿈을 지녀라. 그리고 그 꿈을 향해 조직과 함께 달려나가라. 그렇게 노력하지 않으면 시장의 논리에 따라 한계선을 만날 수밖에 없다.

자신이 즐겁게 일할 수 있는 부분과 강점을 살려 더 큰 일을 할 수 있는 영역을 확장하자. 만약 이전 업무를 계속 진행하면서 영역을 확장하는 경우에는 팀과 함께 공유함으로써 홀로 소외되는 일이 없도록 해야 한다.

어떤 꿈을 꾸느냐에 따라
생각과 행동은 따라가게 되어 있다.
현재의 일터를 꿈을 이루는 터전으로 만들라.

• 4 •

완전한 칭찬의 의미

많은 리더들이 잘한 일에 대해 칭찬하면 되는 거라고 생각한다. 또 어떤 리더들은 전적으로 믿고 있고 잘하고 있다는 걸 알기 때문에 따로 칭찬하지 않아도 이해하라고 직원에게 이야기하기도 한다. 칭찬에 인색한 것은 자랑이 아니다.

잘한 일에 대해서 칭찬하는 것은 당연한 일일 뿐, 완전한 의미의 칭찬이 아니다. 실수를 하더라도 애정을 가지고 고칠 수 있도록 지지하고 조언해주는 것이 완전한 칭찬이다.

칭찬의 역효과 때문에 고민하는 리더들

그런데 리더들을 코칭하다 보면 칭찬의 역효과에 대해 토로하는 분들을 적지 않게 만난다. 왜 그럴까?

평소 그다지 뛰어나지 않던 사람이 어느 날 공을 세워 칭찬을 받고 난 후 더욱 열심히 일하려고 애쓴다면 칭찬의 아주 좋은 사례다.

그런데 그다지 뛰어나지 않던 사람이 공을 세워 칭찬을 했더니 마치 자신이 조직의 주인공이 된 것처럼 행동하고 주변 사람들의 눈살을 찌푸리게 할 정도로 지나치게 힘을 주는 경우도 있다.

전자의 경우가 더 많으면 리더는 행복하겠지만, 현실은 후자가 더 많다. 이럴 때는 어떻게 해야 할까?

칭찬만 하면 잘할 줄 알았다

"장 과장! 지난 번 S사와 있었던 문제를 잘 마무리했다는 이야기를 들었어요. 그 일, 내가 아주 걱정 많이 했는데, 장 과장이 애써서 해결했다니 얼마나 안심이 되는지 모르겠어요.

이제 더 열심히 함께해서 어려운 상황을 헤쳐 나갑시다! 믿음직스런 장 과장이 있어서 아주 든든해요."

한 달 전 G사의 이 사장은 장 과장이 해낸 일에 대해 크게 칭찬을 했다.

그런데 고민이 생겼다. 사실 장 과장은 그동안 회사에 별로 기여한 일이 없고 일 처리도 너무 단순하여 상사에게 칭찬 들을 일이 별로 없던 사람이다.

그런데 이번 일로 사장에게 직접 칭찬을 들은 후 마치 사장의 대변인인 것처럼 행동하며 무슨 일이든 자기가 주도적으로 하겠다고 여기저기 간섭을 하기 시작한 것이다.

당연히 직원들 사이에서 불만이 나오기 시작했고 급기야 사장의 귀에도 들어갔다. 이 사장은 한 달 전에 장 과장과 만난 일이 선명하게 떠올랐다.

이 사장은 장 과장이 문제를 해결할 줄은 몰랐기 때문에 더욱 기뻐서 칭찬을 한 것이고, 장 과장 역시 사장에게 처음 받아보는 칭찬에 감동하여 충성을 다할 것을 다짐했었다.

그 순간은 아무리 봐도 완벽하게 잘된 상황이었는데, 이런 일이 생기고 나니 난감하기 그지없었다. 장 과장도 잘해보려고 한 일이었으니 무조건 나무랄 수도 없고, 그렇다고 그대로 둘 수도 없었다.

직장에서 이런 상황을 보는 것은 어렵지 않다. 평소 칭찬을 잘하지 않던 리더가 갑자기 크게 칭찬을 하거나, 평소 칭찬을 잘 듣지 않던 사람이 칭찬을 들을 경우 리더의 칭찬에 너무 큰 의미를 부여하고 어깨에 힘을 주는 경우다.

섣부른 판단 때문에 생긴 직원들 사이 불화

나는 이 사장에게 다음과 같은 질문을 했다.

"이 상황을 해결하려면 제일 먼저 무슨 일을 해야 할까요?"

"우리 회사는 규모가 크지 않아서 어떤 소문이 한번 나면 전 직원이 다 아는 데 한 시간도 안 걸립니다. 사장인 제 귀에까지 불만이 전달된 것은 모든 직원이 장 과장을 왕따시키기 때문이겠지요.

사실 지난번 일로 저는 장 과장에게 기대를 걸고 있습니다. 결자해지라고, 제 칭찬 때문에 너무 들떠서 그런 것 같으니 직접 장 과장과 대화를 하는 것이 우선인 것 같습니다. 그러고 나서 장 과장이 직원들과 대화를 해서 풀어야겠지요."

"장 과장과 다른 직원들 사이의 갈등이 해결되면 별다른 문제는 없다고 보시는지요?"

"물론 그것도 중요하지만, 정말 고민이 되는 것은 '어떻게 하면 장 과장이 열심히 일하면서 왕따 당하지 않게 하는가'입니다.

서로 기뻐하며 좋아했던 것이 불과 한 달 전인데, 장 과장을 불러서 왜 그런 행동을 했느냐고 탓해야 할 생각을 하니 정말 괴롭네요."

칭찬의 한쪽 면만 보기 때문에 생기는 문제들

사람들은 대부분 '칭찬을 하라'는 말을 '좋은 면만 보고 표현하는 것'이라고 이해한다. 그리고는 잘한 일을 한 때에만 칭찬을 해야 한다고 생각하다 보니, 칭찬에 인색해지고 마는 것이다.

이 사장이 고민하는 이유도 칭찬의 한 면만 보았기 때문이다. 실수를 했을 때도 지지하고 조언하는 것이 완전한 칭찬이다.

나는 이 사장에게 솔직하게 말할 것을 권유했다. 지난번에 칭찬을 한 것은 진심이었고, 정말로 장 과장이 잘하기를 바라는 마음에서 한 말이라고 전해야 한다.

일이 잘못될 것을 지나치게 우려한 나머지, 지난번 칭찬까지 취소하며 내가 잘못 판단하고 이야기한 것이라고 하면 장 과장은 크게 낙심할 것이다. 칭찬할 것은 칭찬하되 이후의 일만 바로 잡으면 된다.

『사랑의 기술』로 유명한 미국의 사회심리학자 에리히 프롬은 "사랑이란 태도이며 인격에 대한 지향이다"라고 했다. 칭찬도 사랑과 마찬가지다.

그리고 사내에서 일어나고 있는 일이 얼마나 심각한 상황인지 알려주고, 곁에서 도와줄 터이니 함께 해결책을 찾자고 제안하는 것이다.

에리히 프롬(Erich Fromm)**은 "사랑이란 태도이며 인격에 대한 지향이다"라고 했다. 나는 "칭찬은 태도이며 인격에 대한 지향이다"라고 말하고 싶다.** 즉 이 사장의 경우에는, 장 과장에게 정직하게 표현하는 것이 사랑이고 칭찬인 것이다.

완전한 칭찬이란 잘한 것에 대해 칭찬하는 것과 더불

어, 부족한 면에 대해서도 솔직한 피드백을 통하여 더 나은 상황을 만들 수 있도록 하는 것이다.

칭찬은 태도이며 인격에 대한 지향이다.

• 5 •

Z세대가 오고 있다

최근 기업마다 많이 이슈화되고 있는 대상은 바로 밀레니얼 세대다. 기성 세대와 다른 그들에 대해 기존 세대들은 많이 당황하고 있지만, 서로 이해하고 협력하기 위해 노력하고 있는 과도기에 있다.

그런데 이들을 넘어 이제 곧 Z세대가 온다. 과연 이들은 어떤 특성을 갖고 있을까?

일반적으로 1995년 이후 출생자들을 Z세대라고 한다. 미국의 시장조사업체의 2015년 연구 자료에 의하면 Z세대는 단순하게 소비하는 것보다 그들이 필요한 것을 직접 만드는 것을 선호한다. 이들은 세상을 변화시키고자 하는 의지가 높으며 스스로 새로운 문화를 창조하고 즐기는 데 관심이 많다.

밀레니얼 세대의 업무 특성

통계를 보면 Z세대의 80%는 창조적인 자신을 찾는 것이 중요하다고 응답했다. 25% 이상이 매주 영상을 만들어 게시를 하며, 65%는 소셜 미디어에서 콘텐츠를 만들고 공유하기를 즐겨한다. 스마트기기를 활용해 소셜네트워크를 만들고 즐기는 데 거부감이 없다.

이들을 디지털 원주민이라는 키워드로 이해할 수 있다. Z세대는 기술적으로 제일 발달된 시대에 살고 있고, 태어나면서부터 자연스럽게 디지털 기기를 접해왔다.

그에 따라 디지털 기술을 직관적으로 사용하고, 그들의 세계는 본질적으로 컴퓨터와 휴대폰 사용 등 거의 모든 것이 인터넷으로 연결되어 있다. 이것은 높은 디지털 문

해력(Digital Literacy)으로 연결된다.

디지털 친화적인 특성은 때로는 부작용으로 이어지기도 한다. 가령 나는 일을 할 때 주로 모니터를 2개를 나란히 놓고 2개의 창을 번갈아가며 활용하는 반면, Z세대인 우리 회사 직원들은 한 번에 7개의 창을 열어서 활용하는 걸 더 편안해한다.

이러한 업무 특성은, 빠르게 업무를 수행할 수 있지만 그 중심을 잃기 쉽다는 단점도 있다. 다중 집중 상태에서는 업무에 중요한 지시를 제대로 듣지 못하거나, 진득하게 집중해서 결과를 내야 하는 일에 쉽게 피로감을 느끼는 경우도 발생하는 것이다.

관심을 분산하여 여러 일을 동시에 끌고갈 수 있기도 하지만 자칫하면 방만한 상태에서 중심을 잃기도 쉽다.

두 세대의 한 단면만 잠시 살펴보아도 이렇게 차이가 나는데, 업무와 관계의 세세한 부분에서는 얼마나 차이를 보일까?

Z세대와 밀레니얼 세대의 화두 '자기 돌봄'

Z세대를 밀레니얼 세대의 특성과 연결해서 볼 수 있는 키워드는 '자기 돌봄'이다. Z세대 또한 밀레니얼 세대와 마찬가지로 그 전의 어떤 세대보다도 젊을 때부터 자신의 몸과 마음을 건강히 유지하고 자기 자신을 돌보는 데에 높은 관심을 갖고 있다.

개인주의적인 성향 등 여러 요인이 있을 수 있겠지만, 이들이 보고 자라온 동시대 롤 모델의 영향도 큰 듯하다. 이들은 자라면서 유명 운동선수나 롤 모델들이 우울증과 불안함, 다른 정신 건강 문제들에 대해 솔직하게 이야기하는 것들을 자연스럽게 경험했다.

그러다 보니 기존 세대에 비해 정신건강의 중요성에 대해 분명하게 인식하고 있다. 예전 세대에서는 치부로 여기며 쉬쉬했을 수도 있을 건강상의 문제가 이들 세대에서는 적극적으로 치료하고 자기 스스로를 돌보아야 할 요인으로 작용한다.

'나' 중심의 세대를 어떻게 융합시킬 것인가

이 세대는 워라밸(Work and Life Balance)을 중시한다. Z세대는 일과 삶을 명확히 구분 짓고 싶어 한다.

기성세대들은 회사에서의 '나'를 삶에서 굳이 따로 구분하지 않았다. 그러나 최근의 세대들은 '나'에 대해 다양한 역할모델들을 구분 짓고, 회사 안에서의 '나'와 회사 밖에서의 '나'를 분명하게 나누려 한다.

회사 안의 '나'가 갖는 역할과 책임, 사명감 등이 회사 밖에서의 '나'를 침범하는 것이 용납되지 않는 것이다.

반면, 이들은 회사 밖에서의 '나'에 대해 더 깊이 이해하고, 잘 기능하게끔 하는 데도 높은 관심을 보인다. 다양한 취미 활동에 관심을 갖고, 소셜미디어를 통해 네트워크를 형성하여 그 관심에 깊이를 더한다.

개인주의적 성향, 소셜미디어를 선호하는 취향, 취미와 연결한 자기계발에 대한 높은 관심 등이 어우러져 새로운 형태의 사업모델과 문화도 등장하고 있다. '탈잉(잉여시간 탈출)' '숨고(숨은 고수)' 등 애플리케이션을 통해 간편하게 전문가와 연결하여 맞춤형으로 자신의 취미를 개발할 수 있는 경로도 점차 확대되고 있다.

Z세대는 이미 기업 환경 속에 점차 스며들고 있다. 미래 시장을 주도할 이들을 이해하기 위해 노력하는 것은 매우 중요하다.

4~5개의 세대가 공존하는 현 조직 상황 속에서 현재에 잘 대응하고 미래를 잘 준비하기 위해서는 Z세대들의 편입이 시작되는 현시점에서부터 그들을 이해하고 그들과 공존하기 위해 부단히 노력해야 할 것이다.

"내가 젊었을 때는" 마인드부터 버리자

팀장급 이상의 리더들과 만나 대화를 하다 보면 공통적으로 나오는 말이 있다.

"도무지 이해가 안 됩니다. 어떻게 그렇게 이기적일 수가 있지요? 과거에 우리 모습에서 상사들이 그렇게 느꼈을까요?

아니, 적어도 우린 공동체의식은 확실히 있었어요. 아무리 상사가 밉고 가정에 일이 있어도 나 하나 때문에 분위기가 망가지거나 일의 진행에 차질이 있으면 안 된다고 생각했거든요.

나를 좀 희생해서라도 회식에 참석하거나 늦게까지 일했죠. 그런데 도대체 요즘 세대 직원들은 어떻게 대해야 좋을지 알 수가 없어요."

무엇이 이런 간극을 만들었을까?

리더들은 젊은 세대를 이해하기 위해 어떤 노력을 한 것일까?

서로 불편하다는 핑계로 대화를 피하는 리더들

실제로 서로 불편하다는 이유로 메일로 업무를 지시하는 일도 꽤 많이 늘었다. 그러다 보니 얼굴을 마주하며 대화하는 것이 점점 더 어색해졌다.

상사들이 진정으로 리더십을 발휘하기 위해서는 그들의 현재 상황을 제대로 알고 대화해야 하는데 메일로 업무를 지시하니까 구성원의 개인적인 상황 즉, 감정 상태를 모르고 일을 진행시키게 된다.

구성원 역시 사안이 시급하다고 표시는 되어 있으나 디테일한 상황은 모르는 상태이다 보니 다른 일을 먼저 하게도 되고, 때에 따라서는 건강상 문제가 있는데 상사가 전혀 고려치 않고 일을 준다는 생각에 섭섭함이 들어서 일의 성과가 전혀 오르지 않기도 한다.

상사 역시 마찬가지다. 부하 직원의 처지는 잘 모른 채 메일로만 일을 지시하면 피드백이 오지 않는다고 답답해하고, 자신이 얼마나 힘들게 일하는지 부하 직원들이 아무도 이해해주지 않는다며 섭섭해하기도 한다.

캐서린 밀러(Katherrine Miller)의 피로감과 커뮤니케이션의 관계를 밝힌 연구에 따르면 다른 사람과 함께 느끼는 감정은 커뮤니케이션에서 부정적인 영향을 주지만 다른 사람에 대해 느끼는 감정, 즉 공감적 배려는 긍정적인 영향을 준다고 한다.

우리는 더 행복해지기 위해서 일을 하는 것이지 더 불행해지려고 일을 하는 것이 아니다. 직장에서 긍정적 행복감을 갖기 위해 서로가 서로를 인정해야 한다.

인간은 누구나 이해받기를 원한다

피한다고 피해진다면 얼마나 좋겠는가? 하지만 직장은 그런 곳이 아니다.

만나고 싶은 사람만 만나고 같이 일하고 싶은 사람과만 일을 할 수 있는 공간이 아니다. 당장은 불편하고 어색하더라도 조금씩 서로에게 다가가려는 노력을 해야 한다.

인간은 환경에 따라 변화한다. 상대 세대가 왜 그런 생각을 할 수밖에 없는지 환경을 이해하려는 노력도 선행해야 한다.

'저 사람만의 문제'라고 생각하지 말고 '왜 저런 생각을 하게 되었을까' 배경을 생각해보는 여유도 때로는 필요하다.

직장인들이 호소하는 가장 많은 피로감은 자신이 비인간화되고 감정적으로 소모는 많으면서 성취감은 덜 느낄 때 나타난다.

자신의 감정을 스스로 어느 정도 인지한 다음 균형을 잡을 수 있는 상태를 만들자. 그런 다음 상대방의 존재를 오롯이 인정하고 열린 마음으로 공감의 장을 만들어나가자.

'저 사람만의 문제'라고 생각하지 말고,
왜 그런 생각을 하게 되었는지
배경을 생각하는 여유를 가져보자.

최고의 리더는
어떻게 사람을 움직이는가

리더의 마음

초판 1쇄 발행 2019년 6월 25일
초판 5쇄 발행 2024년 4월 1일

지은이 홍의숙
펴낸이 김선식

부사장 김은영
콘텐츠사업2본부장 박현미
책임편집 봉선미 **책임마케터** 문서희
콘텐츠사업5팀장 김현아 **콘텐츠사업5팀** 마가림, 남궁은, 최현지, 여소연
마케팅본부장 권장규 **마케팅1팀** 최혜령, 오서영, 문서희 **채널1팀** 박태준
미디어홍보본부장 정명찬 **브랜드관리팀** 안지혜, 오수미, 김은지, 이소영
뉴미디어팀 김민정, 이지은, 홍수경, 서가을, 문윤정, 이예주
크리에이티브팀 임유나, 박지수, 변승주, 김화정, 장세진, 박장미, 박주현
지식교양팀 이수인, 염아라, 석찬미, 김혜원, 백지은
편집관리팀 조세현, 김호주, 백설희 **저작권팀** 한승빈, 이슬, 윤제희
재무관리팀 하미선, 윤이경, 김재경, 이보람, 임혜정 **인사총무팀** 강미숙, 지석배, 김혜진, 황종원
제작관리팀 이소현, 김소영, 김진경, 최완규, 이지우, 박예찬
물류관리팀 김형기, 김선민, 주정훈, 김선진, 한유현, 전태연, 양문현, 이민운

주소 경기도 파주시 회동길 490 다산북스 파주사옥
전화 02-704-1724 **팩스** 02-703-2219 **이메일** dasanbooks@dasanbooks.com
홈페이지 www.dasan.group **블로그** blog.naver.com/dasan_books

ISBN 979-11-306-2297-2 (03320)